AF205794

Impressum
Verlag: BABADADA GmbH, Nedderfeld 112 , 22529 Hamburg
Geschäftsführer / Verlagsleitung: Harald Hof
Druck: Books on Demand GmbH, In de Tarpen 42, 22848 Norderstedt

Imprint
Publisher: BABADADA GmbH, Nedderfeld 112 , 22529 Hamburg, Germany
Managing Director / Publishing direction: Harald Hof
Print: Books on Demand GmbH, In de Tarpen 42, 22848 Norderstedt

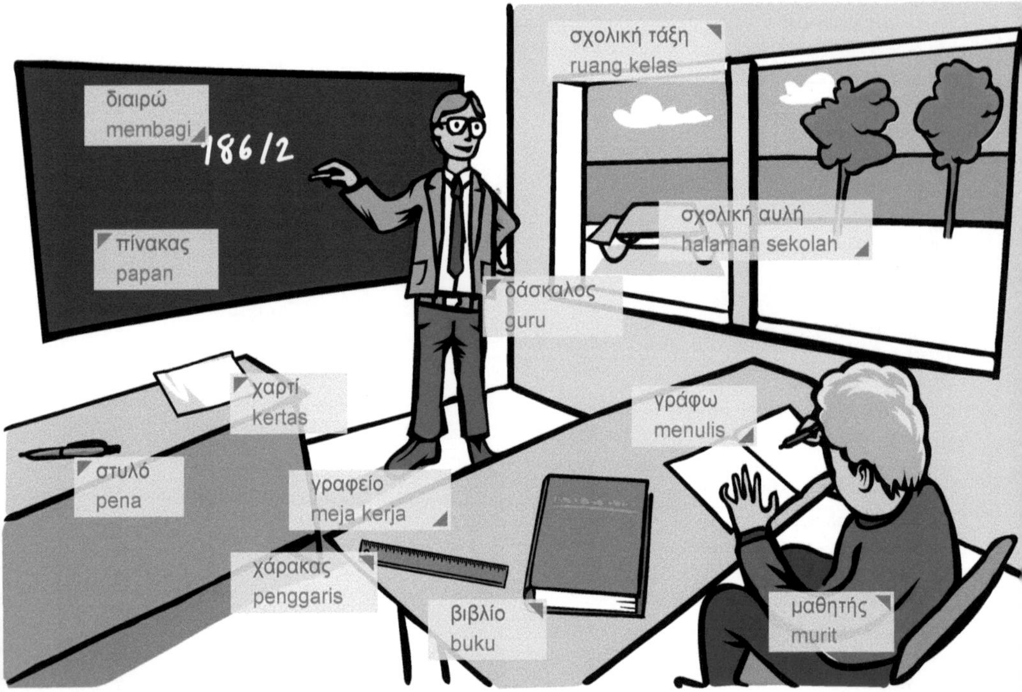

σχολική τσάντα
tas sekolah

κασετίνα/ μολυβοθήκη
tempat pensil

μολύβι
pensil

ξύστρα
pengasah pensil

γόμα
penghapus

μπλοκ ζωγραφικής
kertas gambar

ζωγραφική

gambar

πινέλο

kuas

κουτί χρωμάτων

kotak cat

ψαλίδι

gunting

κόλλα

lem

τετράδιο ασκήσεων

buku latihan

εργασία για το σπίτι

pekerjaan rumah

αριθμός

angka

προσθέτω

tambhakan

αφαιρώ

mengurangi

πολλαπλασιάζω

mengalikan

υπολογίζω

menghitung

γράμμα

huruf

αλφάβητο

alfabet

λέξη

kata

κείμενο
teks

διαβάζω
membaca

κιμωλία
kapur

μάθημα
pelajaran

εγγράφομαι
daftar

τεστ
ujian

πιστοποιητικό
sertifikat

μαθητική στολή
seragam sekolah

εκπαίδευση
pendidikan

εγκυκλοπαίδεια
ensiklopedi

πανεπιστήμιο
universitas

μικροσκόπιο
mikroskop

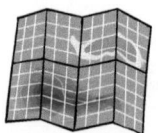

χάρτης
peta

καλάθι αχρήστων
tempat sampah

ταξίδι
perjalanan

ξενοδοχείο
hotel
Grand
ξενώνας
hostel
ROOMS
CHANGE
ανταλλακτήρια συναλλάγματος
kantor pertukaran mata uang
βαλίτσα
koper
αυτοκίνητο
mobil

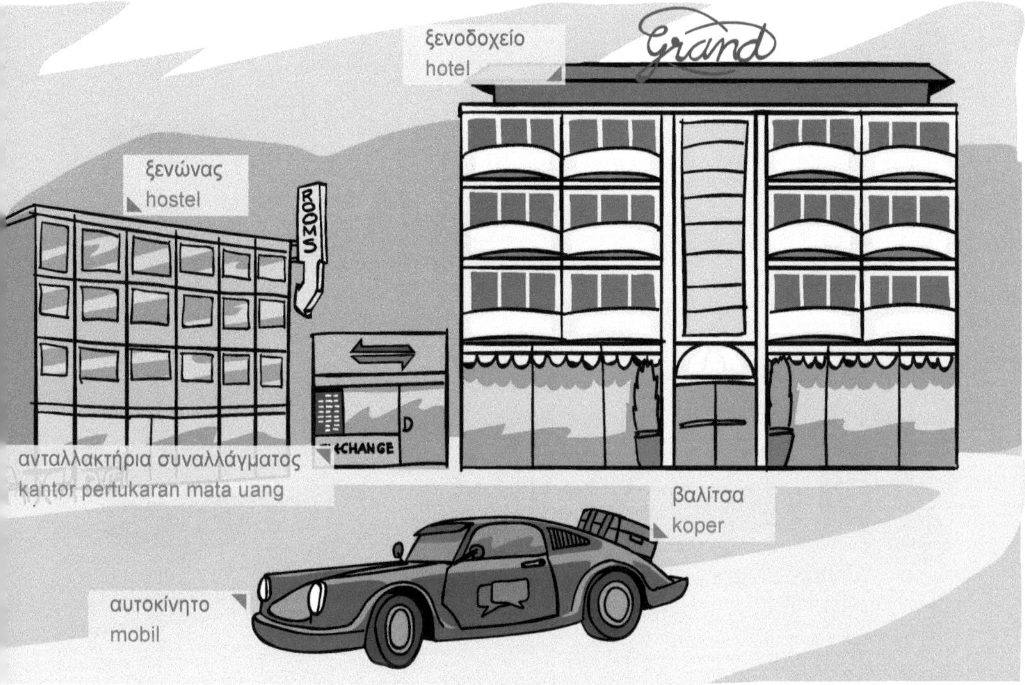

γλώσσα

bahasa

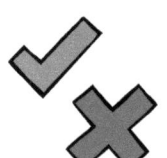

ναι / όχι

ya / tidak

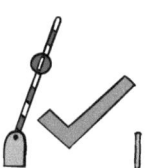

εντάξει

okay

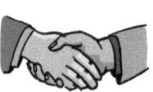

γεια σου

hallo

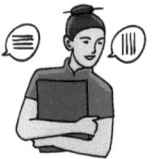

μεταφραστής

penerjemah

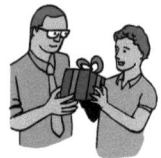

Ευχαριστώ

terima kasih

πόσο κάνει ;

Berapa harganya...?

Δε καταλαβαίνω

saya tidak mengerti

πρόβλημα

masalah

Καλησπέρα!

Selamat malam!

Καλημέρα!

Selamat siang!

Καληνύχτα!

Selamat tidur!

Αντίο

sampai jumpa

κατεύθυνση

arah

αποσκευές

bagasi

τσάντα

tas

σακίδιο πλάτης

ransel

καλεσμένος

tamu

δωμάτιο

ruang

υπνόσακος

kantong tidur

σκηνή

tenda

τουριστικές πληροφορίες

informasi wisata

παραλία

pantai

πιστωτική κάρτα

kartu kredit

πρωινό

sarapan

μεσημεριανό

makan siang

δείπνο

makan malam

εισιτήριο

tiket

ανελκυστήρας

elevator

γραμματόσημο

perangko

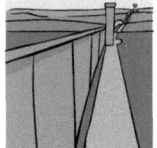

σύνορα

perbatasan

τελωνείο

cukai

πρεσβεία

kedutaan

βίζα

visa

διαβατήριο

paspor

μεταφορά

transportasi

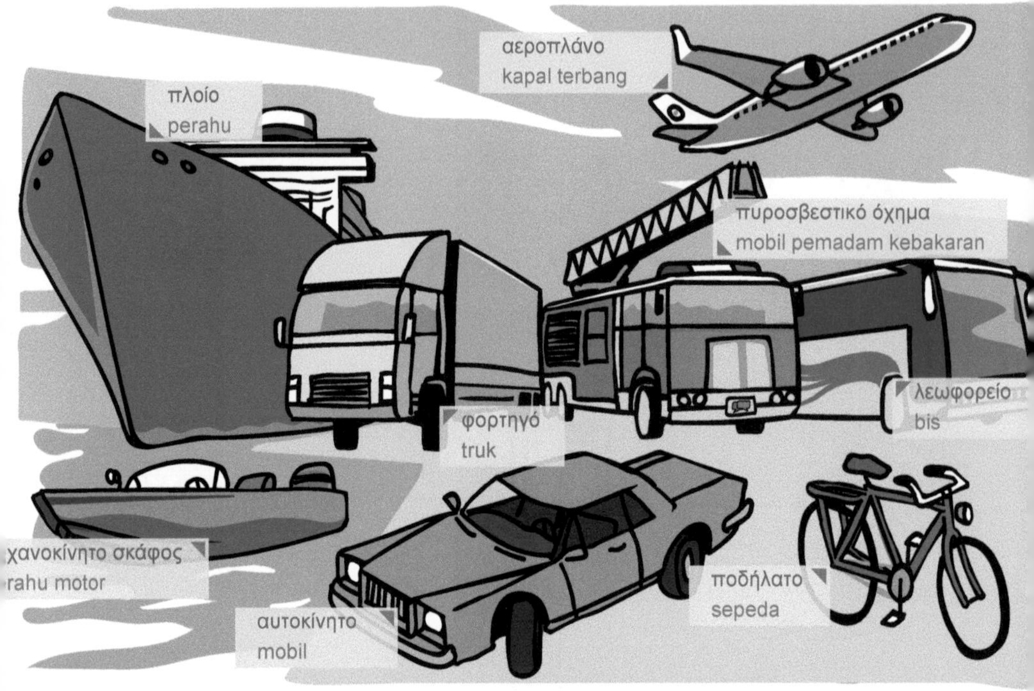

αεροπλάνο
kapal terbang
πλοίο
perahu
πυροσβεστικό όχημα
mobil pemadam kebakaran
λεωφορείο
bis
φορτηγό
truk
χανοκίνητο σκάφος
rahu motor
ποδήλατο
sepeda
αυτοκίνητο
mobil

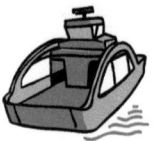

φεριμπότ

feri

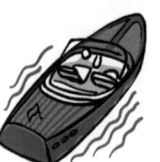

βάρκα

perahu

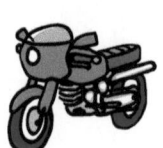

μοτοσικλέτα

sepeda motor

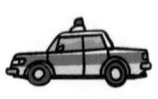

περιπολικό

mobil polisi

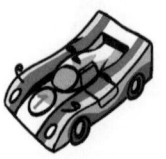

αγωνιστικό αυτοκίνητο

mobil balapan

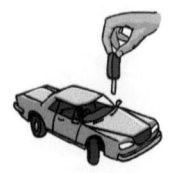

ενοικιαζόμενο αυτοκίνητο

mobil sewa

διαμοιρασμός αυτοκινήτων

berbagi mobil

γερανός

truk derek

απορριμματοφόρο

truk sampah

κινητήρας

motor

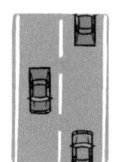
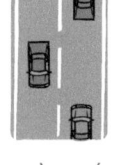

καύσιμο

bahan bakar

βενζινάδικο

bensin

πινακίδα σήμανσης

tanda lalulintas

κυκλοφορία

lalulintas

κυκλοφοριακή συμφόρηση

macet

χώρος στάθμευσης

parkir mobil

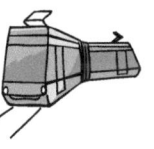

σιδηροδρομικός σταθμός

stasiun kereta

σιδηροδρομικές γραμμές

trek

τρένο

kereta api

τραμ

tram

βαγόνι

gerobak

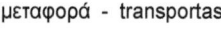

ελικόπτερο

helikopter

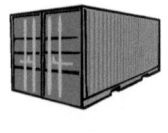

αεροδρόμιο

bendara

πύργος

menara

επιβάτης

penumpang

εμπορευματοκιβώτιο

container

χαρτοκιβώτιο

karton

καρότσι

troli

καλάθι

keranjang

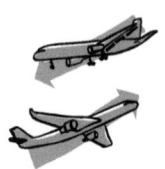

απογειώνομαι /
προσγειόνομαι

berangkat / mendarat

πόλη
kota

χωριό

desa

κέντρο της πόλης

pusat kota

σπίτι

rumah

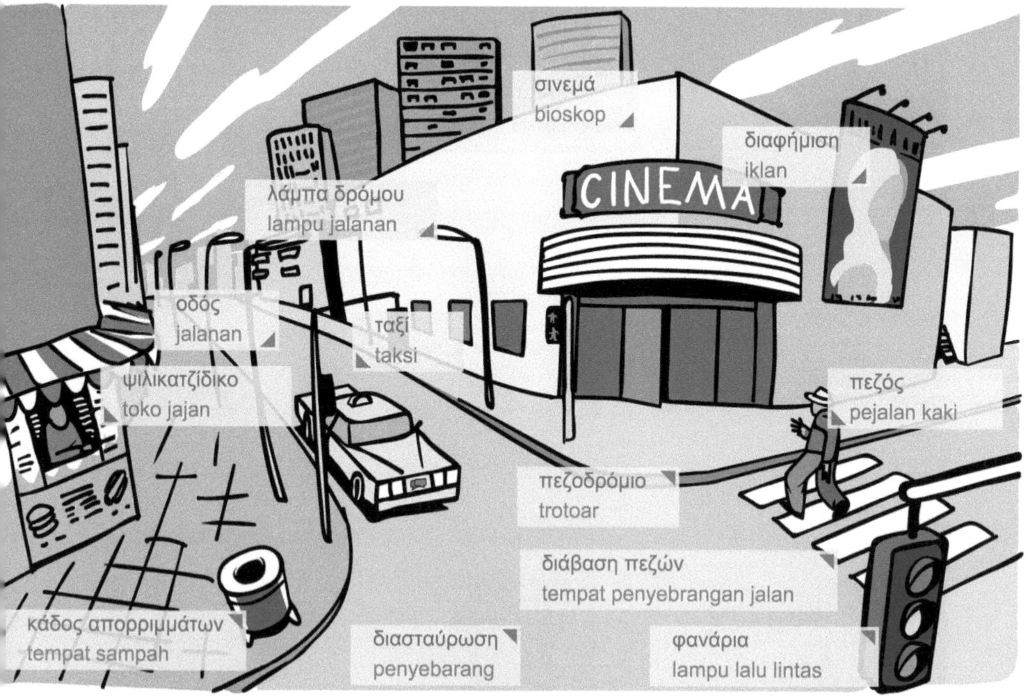

σινεμά
bioskop

διαφήμιση
iklan

λάμπα δρόμου
lampu jalanan

CINEMA

οδός
jalanan

ταξί
taksi

ψιλικατζίδικο
toko jajan

πεζός
pejalan kaki

πεζοδρόμιο
trotoar

διάβαση πεζών
tempat penyebrangan jalan

κάδος απορριμμάτων
tempat sampah

διασταύρωση
penyebarang

φανάρια
lampu lalu lintas

καλύβα
gubuk

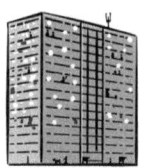

διαμέρισμα
rumah flat

σιδηροδρομικός σταθμός
stasiun kereta

δημαρχείο
balai kota

μουσείο
museum

σχολείο
sekolah

πανεπιστήμιο

universitas

τράπεζα

bank

νοσοκομείο

rumah sakit

ξενοδοχείο

hotel

φαρμακείο

farmasi

γραφείο

kantor

βιβλιοπωλείο

toko buku

κατάστημα

toko

ανθοπωλείο

toko bunga

σούπερ μάρκετ

supermarket

αγορά

pasar

πολυκατάστημα

toko serba ada

ιχθυοπωλείο

nelayan

εμπορικό κέντρο

pusat belanja

λιμάνι

pelabuhan

πάρκο

taman

παγκάκι

banku

γέφυρα

jembatan

σκάλες

tangga

μετρό

kereta bawah tanah

τούνελ

terowongan

στάση λεωφορείου

pemberhantian bis

μπαρ

bar

εστιατόριο

restauran

γραμματοκιβώτιο

kotak surat

πινακίδα δρόμου

tanda jalan

παρκόμετρο

meteran parkir

ζωολογικός κήπος

kebun binatang

πισίνα

kolam renang

τζαμί

mesjid

αγρόκτημα

pertanian

ρύπανση

polusi

νεκροταφείο

kuburan

εκκλησία

gereja

παιδική χαρά

tempat bermain

ναός

pura

τοπίο
pemandangan

φύλλο
daun

πινακίδα κατεύθυνσης
penunjuk arah

δρόμος
jalanan

λιβάδι
padang rumput

πέτρα
batu

δέντρο
pohon

πεζοπόρος
pejalak kaki

ποτάμι
sungai

χορτάρι
rumput

λουλούδι
bunga

κοιλάδα

lembah

λόφος

bukit

λίμνη

danau

δάσος

hutan

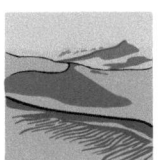

έρημος

padang gurun

ηφαίστειο

gunung berapi

κάστρο

istana

ουράνιο τόξο

pelangi

μανιτάρι

jamur

φοίνικας

pohon palem

κουνούπι

nyamuk

μύγα

lalat

μυρμήγκι

semut

μέλισσα

lebah

αράχνη

laba-laba

σκαθάρι
kumbang

βάτραχος
kodok

σκίουρος
tupai

σκαντζόχοιρος
landak

λαγός
kelinci

κουκουβάγια
burung hantu

πουλί
burung

κύκνος
angsa

αγριογούρουνο
babi jantan

ελάφι
rusa

άλκη
rusa

φράγμα
bendungan

ανεμογεννήτρια
turbin angin

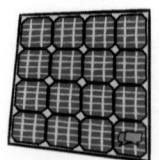

ηλιακός συλλέκτης
panel surya

κλίμα
iklim

εστιατόριο
restauran

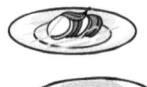

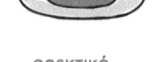

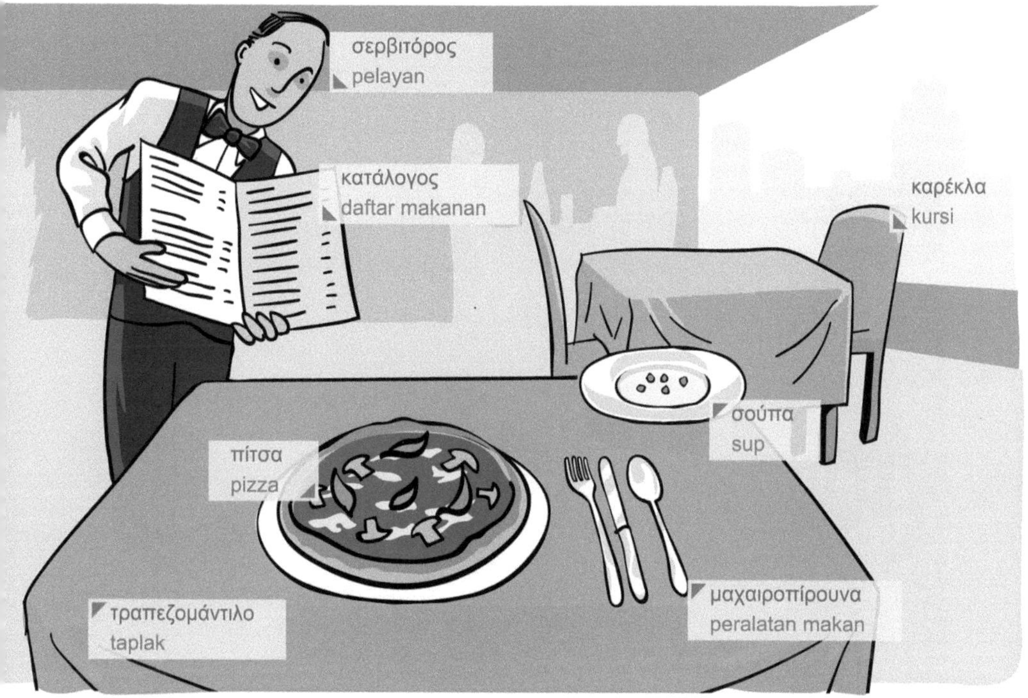
σερβιτόρος
pelayan
κατάλογος
daftar makanan
καρέκλα
kursi
σούπα
sup
πίτσα
pizza
τραπεζομάντιλο
taplak
μαχαιροπίρουνα
peralatan makan

ορεκτικό

hindangan pembuka

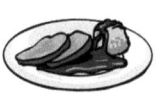

κύριο πιάτο

hidangan utama

επιδόρπιο

hidangan penutup

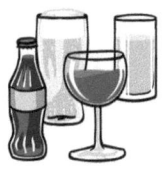

ποτά

minuman

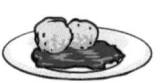

φαγητό

makanan

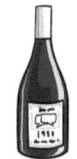

μπουκάλι

botol

φαστ φουντ

fastfood

φαγητό στ' όρθιο

masakan jalanan

τσαγιέρα

teko teh

δοχείο ζάχαρης

kaleng gula

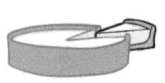

μερίδα

porsi

μηχανή εσπρέσο

mesin espresso

ψηλή καρέκλα

kursi tinggi

λογαριασμός

tagihan

δίσκος

baki

μαχαίρι

pisau

πιρούνι

garpu

κουτάλι

sendok

κουταλάκι του τσαγιού

sendok teh

πετσέτα φαγητού

serbet

ποτήρι

gelas

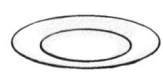

πιάτο

piring

πιάτο σούπας

piring sup

πιατάκι φλιτζανιού

lepek

σάλτσα

saus

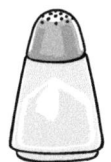

αλατιέρα

tempat garam

μύλος για πιπέρι

gilingan merica

ξύδι

cuka

λάδι

minyak

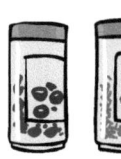

μπαχαρικά

bumbu

κέτσαπ

saus tomat

μουστάρδα

mustar

μαγιονέζα

mayones

σούπερ μάρκετ
supermarket

προσφορά
penawaran khusus
FOR
πελάτης
klien
γαλακτοκομικά προϊόντα
produk susu
φρούτα
buah
καρότσι για ψώνια
troli

BUTCHERS

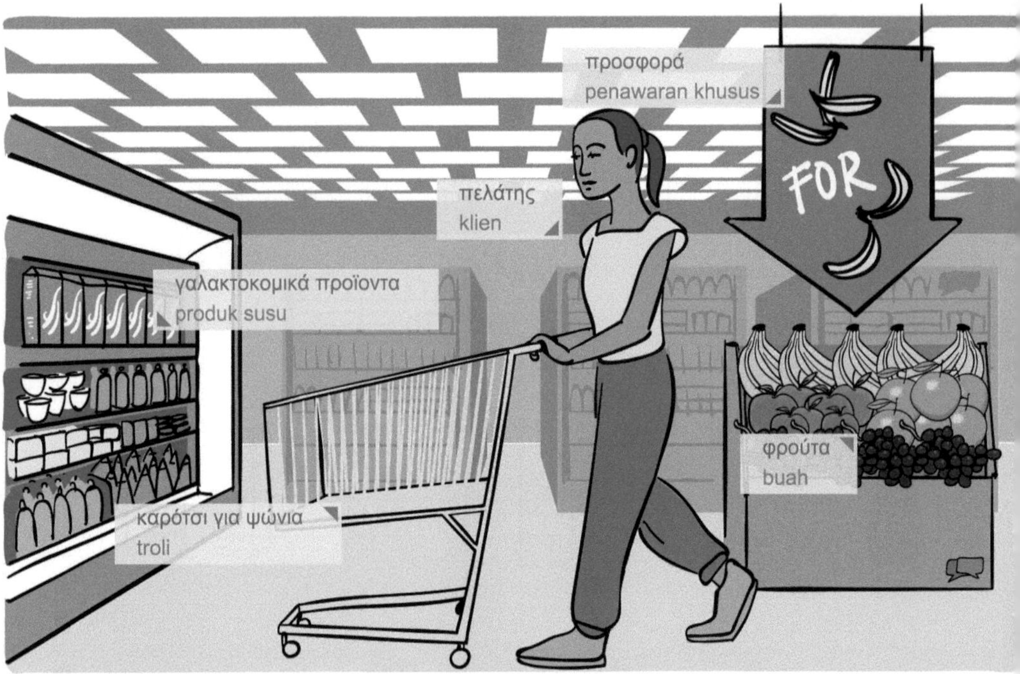

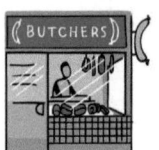

κρεοπωλείο

pembantai

BAKERY

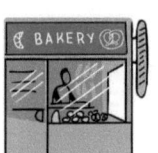

φούρνος

toko roti

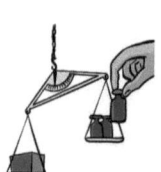

ζυγίζω

menimbang

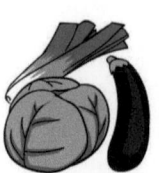

λαχανικά

sayur

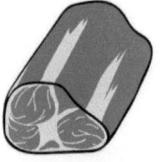

κρέας

daging

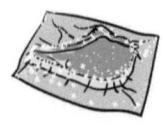

κατεψυγμένα τρόφιμα

makanan beku

αλλαντικά

pemotongan dingin

κονσερβοποιημένη τροφή

makanan kaleng

απορρυπαντικό ρούχων

sabun serbuk

γλυκά

permen

οικιακά είδη

alat-alat rumah tangga

καθαριστικά προϊόντα

obat pembersihan

πωλήτρια

penjual

ταμείο

kasa

ταμίας

kasir

λίστα για ψώνια

daftar belanja

ωράριο λειτουργίας

jam buka

πορτοφόλι

dompet

πιστωτική κάρτα

kartu kredit

τσάντα

tas

πλαστική σακούλα

kantong plastik

νερό

air

χυμός

jus

γάλα

susu

κόκα κόλα

cola

κρασί

anggur

μπίρα

bir

αλκοόλ

alkohol

κακάο

coklat

τσάι

teh

καφές

kopi

εσπρέσο

espresso

καπουτσίνο

cappucino

μπανάνα

pisang

μήλο

apel

πορτοκάλι

jeruk

πεπόνι

semangka

λεμόνι

jeruk lemon

καρότο

wortel

σκόρδο

bawang putih

μπαμπού

bambu

κρεμμύδι

bawang bombai

μανιτάρι

jamur

ξηροί καρποί

kacang

νουντλς

mi

μακαρόνια

spagetti

ρύζι

nasi

σαλάτα

salat

πατατάκια

kentang goreng

τηγανητές πατάτες

kentang goreng

πίτσα

pizza

χάμπουργκερ

hamburger

σάντουιτς

sandwich

κοτολέτα

sayatan

ζαμπόν

ham

σαλάμι

salami

λουκάνικο

sosis

κοτόπουλο

ayam

ψητό

menggoreng

ψάρι

ikan

χυλός βρώμης

bubur gandum

μούσλι

sereal

κορν φλέικς

cornflakes

αλεύρι

tepung

κρουασάν

croissant

ψωμάκι

roti

ψωμί

roti

τοστ

toast

μπισκότα

biskuit

βούτυρο

mentega

τυρόπηγμα

dadih

κέικ

kue

αυγό

telur

τηγανητό αυγό

telur goreng

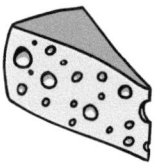

τυρί

keju

παγωτό

eskrim

ζάχαρη

gula

μέλι

madu

μαρμελάδα

selai

άλλειμμα σοκολάτας

krim nugat

κάρυ

kare

αγρόκτημα
pertanian

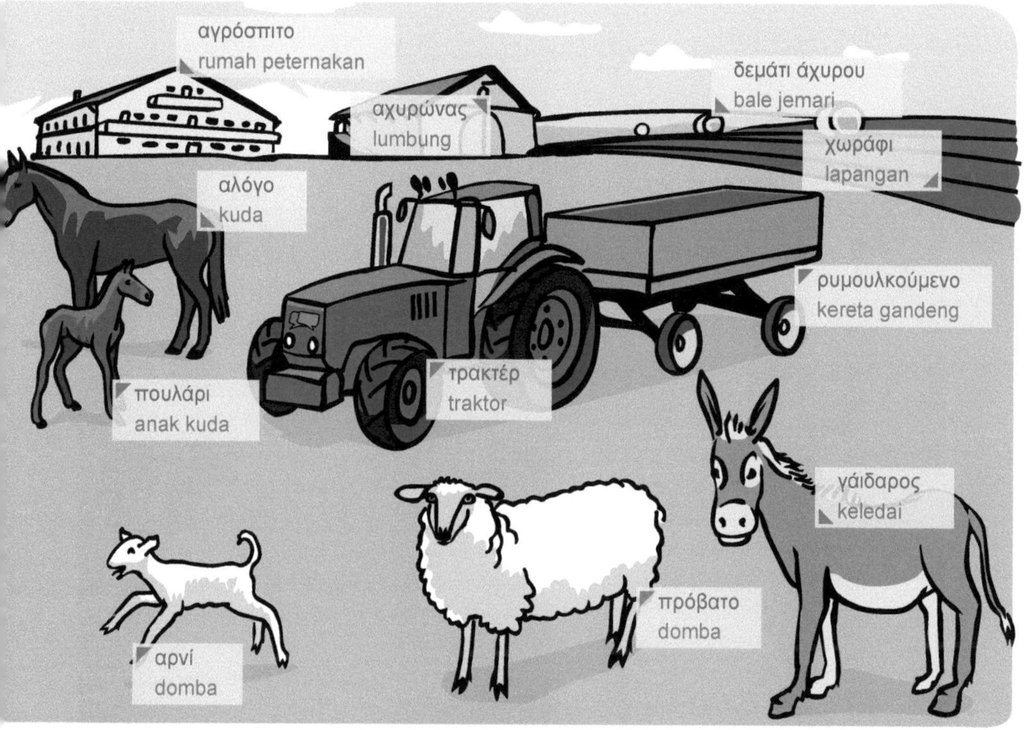

αγρόσπιτο
rumah peternakan
αχυρώνας
lumbung
δεμάτι άχυρου
bale jemari
χωράφι
lapangan
αλόγο
kuda
ρυμουλκούμενο
kereta gandeng
πουλάρι
anak kuda
τρακτέρ
traktor
γάιδαρος
keledai
πρόβατο
domba
αρνί
domba

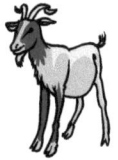

κατσίκα

kambing

αγελάδα

sapi

μοσχαράκι

betis

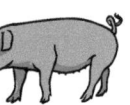

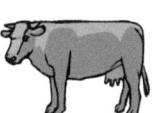

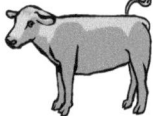

γουρούνι

babi

γουρουνάκι

celeng

ταύρος

banteng

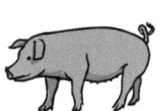

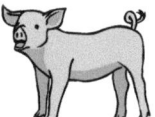

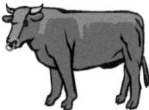

χήνα
angsa

πάπια
bebek

κοτοπουλάκι
anak ayam

κότα
ayam

κόκορας
ayam jantan

αρουραίος
tikus

γάτα
kucing

ποντίκι
tikus

βόδι
lembu

σκύλος
anjing

σπιτάκι σκύλου
rumah anjing

λάστιχο κήπου
selang

ποτιστήρι
penyiram

θεριστήρι
sabit

αλέτρι
bajak

δρεπάνι	τσάπα	δίκρανο
sabit	cangkul	garpu rumput

τσεκούρι	χειράμαξα	ταΐστρα
kapak	gerobak	palung

δοχείο γάλακτος	σάκος	φράχτης
kaleng susu	karung	pagar
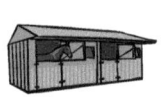	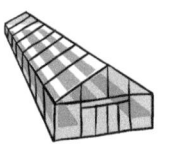	
στάβλος	θερμοκήπιο	έδαφος
kandang	rumah kaca	tanah

σπόρος	λίπασμα	θεριζοαλωνιστική μηχανή
benih	pupuk	mesin pemanen

θερίζω

panen

συγκομιδή

panen

γιαμς

yams

σιτάρι

gandum

σόγια

kedelai

πατάτα

kentang

καλαμπόκι

jagung

κράμβη

lobak

οπωροφόρο δέντρο

pohon buah

μανιόκα

singkong

δημητριακά

sereal

σπίτι
rumah

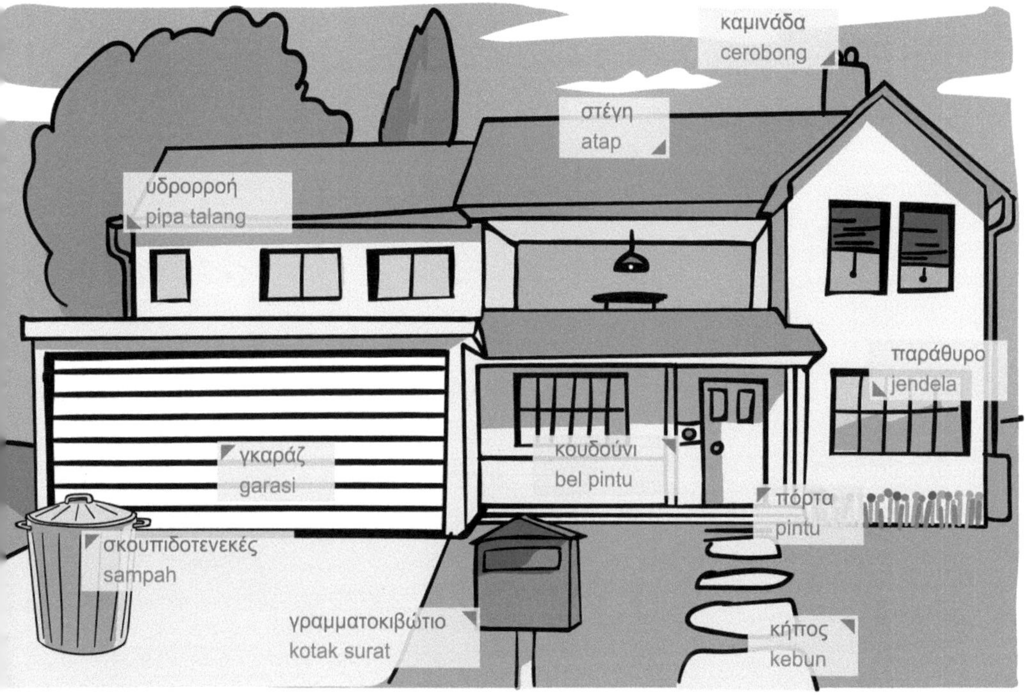

καμινάδα
cerobong
στέγη
atap
υδρορροή
pipa talang
παράθυρο
jendela
γκαράζ
garasi
κουδούνι
bel pintu
πόρτα
pintu
σκουπιδοτενεκές
sampah
γραμματοκιβώτιο
kotak surat
κήπος
kebun

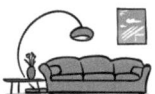

σαλόνι

ruang tamu

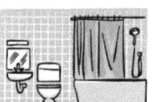

μπάνιο

kamar mandi

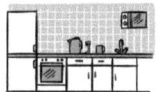

κουζίνα

dapur

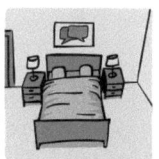

υπνοδωμάτιο

kamar tidur

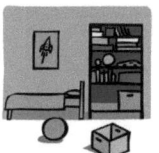

παιδικό δωμάτιο

kamar anak

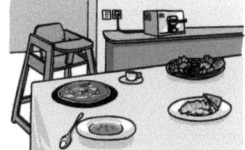

τραπεζαρία

kamar makan

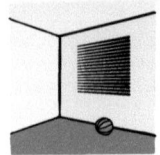

πάτωμα

lantai

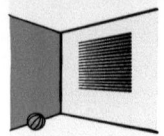

τοίχος

tembok

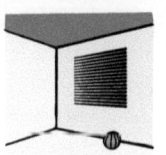

οροφή

atap

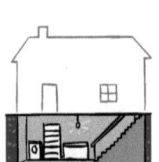

κελάρι

gudang di bawah tanah

σάουνα

sauna

μπαλκόνι

balkon

βεράντα

teras

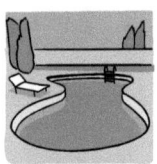

πισίνα

kolam renang

μηχανή του γκαζόν

mesin pemotong rumput

σεντόνι

sprei

κάλυμμα κρεβατιού

selimut

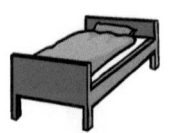

κρεβάτι

tempat tidur

σκούπα

sapu

κουβάς

ember

διακόπτης

tombol

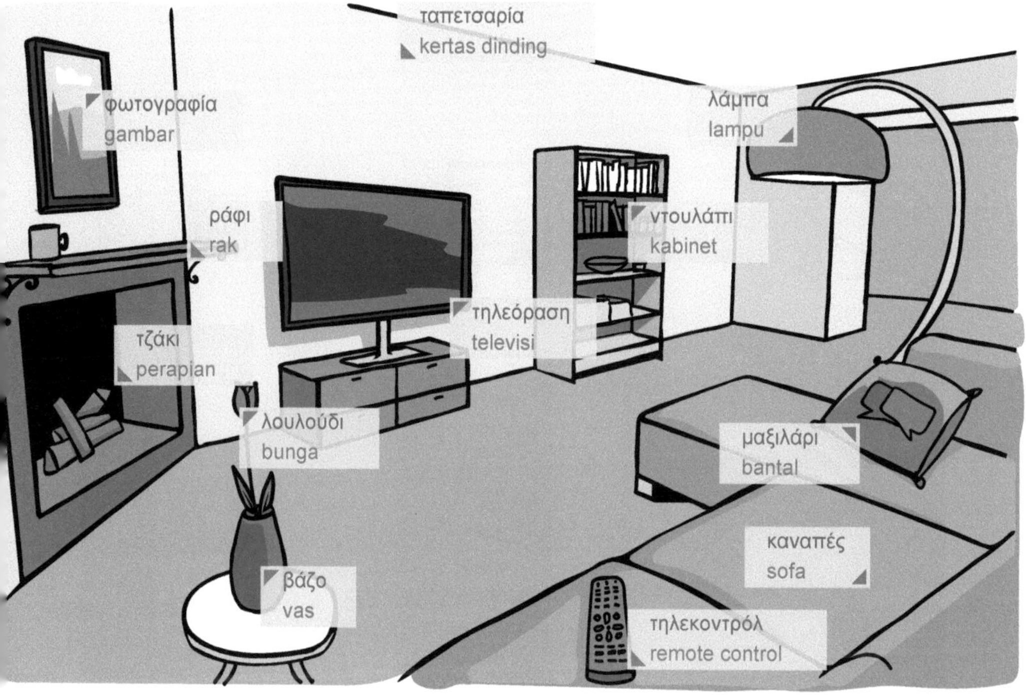

ταπετσαρία
kertas dinding

φωτογραφία
gambar

λάμπα
lampu

ράφι
rak

ντουλάπι
kabinet

τζάκι
perapian

τηλεόραση
televisi

λουλούδι
bunga

μαξιλάρι
bantal

καναπές
sofa

βάζο
vas

τηλεκοντρόλ
remote control

χαλί	κουρτίνα	τραπέζι
karpet	korden	meja

καρέκλα	κουνιστή πολυθρόνα	πολυθρόνα
kursi	kursi goyang	kursi malas

βιβλίο

buku

κουβέρτα

selimut

διακόσμηση

dekorasi

καυσόξυλα

kayu bakar

ταινία

filem

στερεοφωνικό σύστημα

hi-fi

κλειδί

kunci

εφημερίδα

koran

πίνακας ζωγραφικής

lukisan

αφίσα

poster

ραδιόφωνο

radio

σημειωματάριο

buku tulis

ηλεκτρική σκούπα

penyedot debu

κάκτος

kaktus

κερί

lilin

κουζίνα

dapur

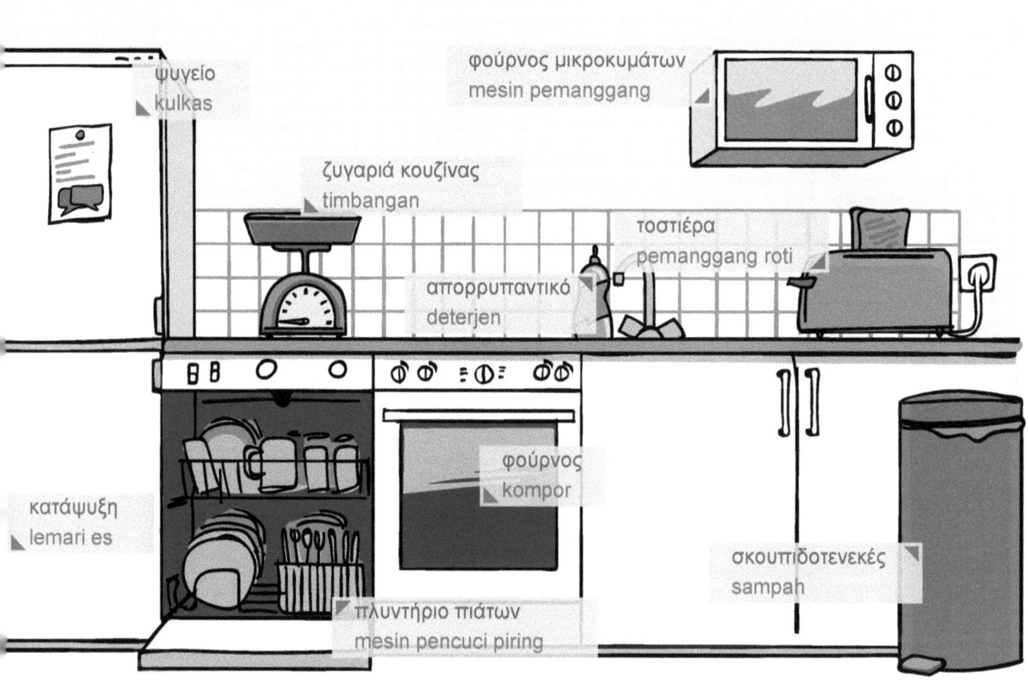
ψυγείο
kulkas
φούρνος μικροκυμάτων
mesin pemanggang
ζυγαριά κουζίνας
timbangan
τοστιέρα
pemanggang roti
απορρυπαντικό
deterjen
φούρνος
kompor
κατάψυξη
lemari es
σκουπιδοτενεκές
sampah
πλυντήριο πιάτων
mesin pencuci piring

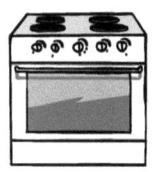

κουζίνα

kompor

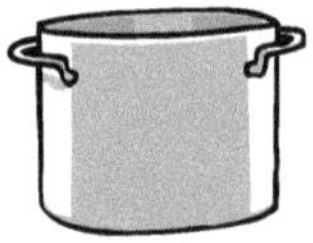

κατσαρόλα

panci

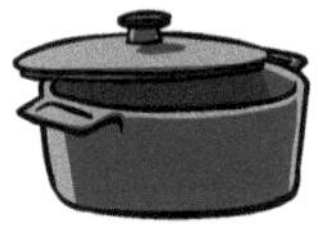

μαντεμένια κατσαρόλα

panci besi

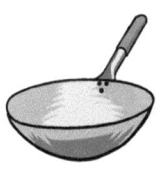

γουόκ/καντάι

wajan

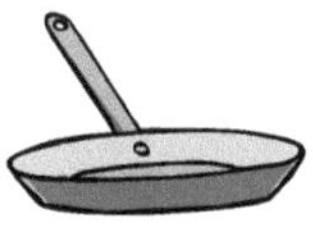

τηγάνι

panci

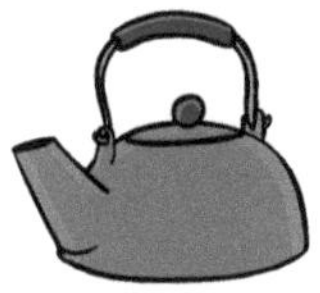

βραστήρας

pemanas air

ατμομάγειρας

panci pengukus makanan

ταψί

nampan

πιατικά

piring

κούπα

cangkir

μπολ

mangkok

ξυλάκια

sumpit

κουτάλα

sendok sup

σπάτουλα

sudip

ανακατεύω

mengocok

σουρωτήρι

saringan

σουρωτηράκι

saringan

τρίφτης

parutan

γουδί

mortir

ψησταριά

barbeque

ανοιχτή φωτιά

api terbuka

σανίδα κοπής

papan memotong

πλάστης

gilingan

ανοιχτήρι φελλών

alat pembuka botol

κονσέρβα

kaleng

ανοιχτήρι κονσέρβας

pembuka kaleng

γάντι φούρνου

pegangan panci

νεροχύτης

wastafel

βούρτσα

sikat

σφουγγάρι

busa

μπλέντερ

mesin pencampur

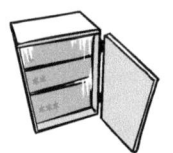

καταψύκτης

lemari es

μπιμπερό

botol bayi

βρύση

keran

μπάνιο
kamar mandi

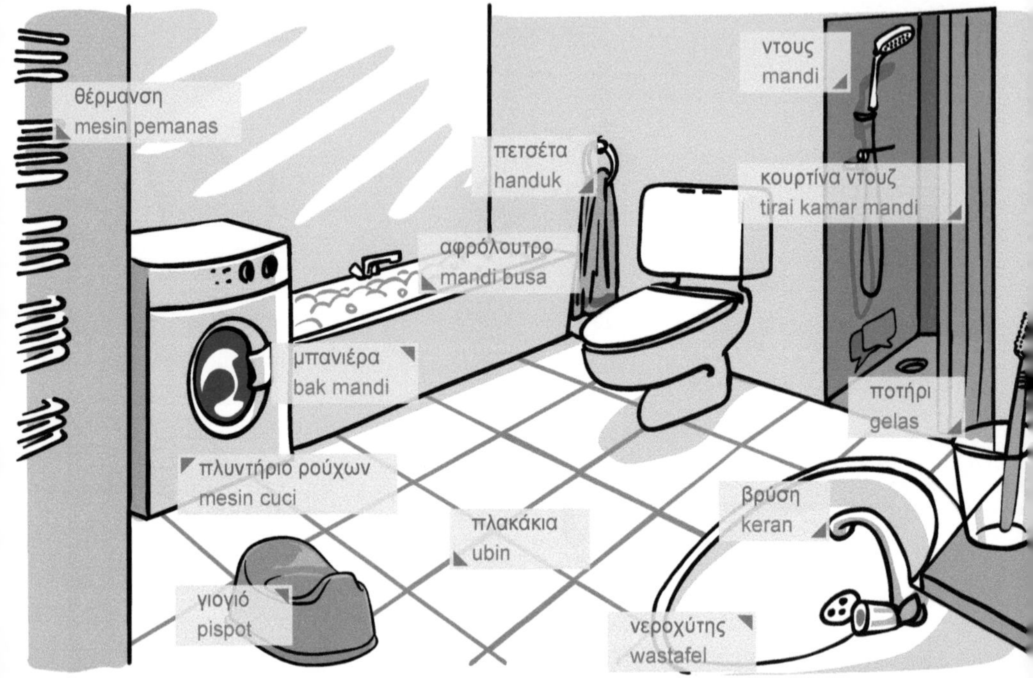

θέρμανση
mesin pemanas
ντους
mandi
πετσέτα
handuk
κουρτίνα ντουζ
tirai kamar mandi
αφρόλουτρο
mandi busa
μπανιέρα
bak mandi
ποτήρι
gelas
πλυντήριο ρούχων
mesin cuci
βρύση
keran
πλακάκια
ubin
γιογιό
pispot
νεροχύτης
wastafel

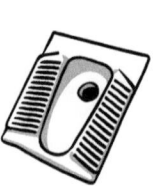

τουαλέτα

toilet

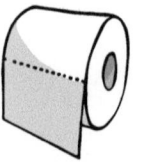

τούρκικη τουαλέτα

toilet jongkok

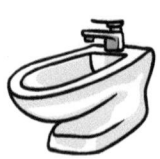

μπιντές

bidet

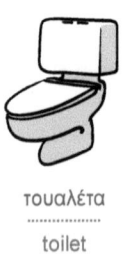

ουρητήριο

pissoir

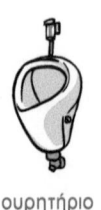

χαρτί υγείας

kertas toilet

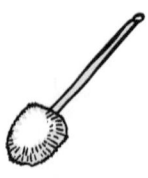

πιγκάλ

sikat toilet

οδοντόβουρτσα

sikat gigi

οδοντόκρεμα

pasta gigi

οδοντικό νήμα

benang gigi

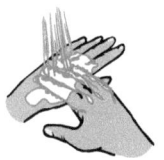

πλένω

menyuci

τηλέφωνο ντους

pancuran tangan

ντουσιέρα

pancuran

λεκάνη

bak

βούρτσα πλάτης

sikat punggung

σαπούνι

sabun

αφρόλουτρο

gel mandi

σαμπουάν

sampo

φανέλα

planel

σιφόνι

kuras

κρέμα

krim

αποσμητικό

deodoran

καθρέφτης

kaca

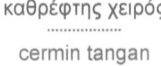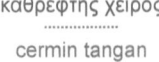

καθρέφτης χειρός

cermin tangan

ξυραφάκι

pisau cukur

αφρός ξυρίσματος

busa cukur

αφτερσέιβ

aftershave

χτένα

sisir

βούρτσα

sikat

σεσουάρ

alat pengering rambut

λακ

semprot rambut

μακιγιάζ

makeup

κραγιόν

lipstik

βερνίκι νυχιών

cat kuku

βαμβάκι

kapas

ψαλίδι νυχιών

gunting kuku

άρωμα

minyak wangi

νεσεσέρ

kantong pencuci

σκαμπό

bangku

ζυγαριά

timbangan

μπουρνούζι

mantel mandi

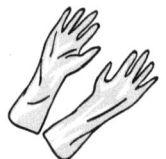

ελαστικά γάντια

sarung tangan karet

ταμπόν

tampon

πετσέτα υγιεινής

handuk pembalut

χημική τουαλέτα

toilet kimia

παιδικό δωμάτιο
kamar anak

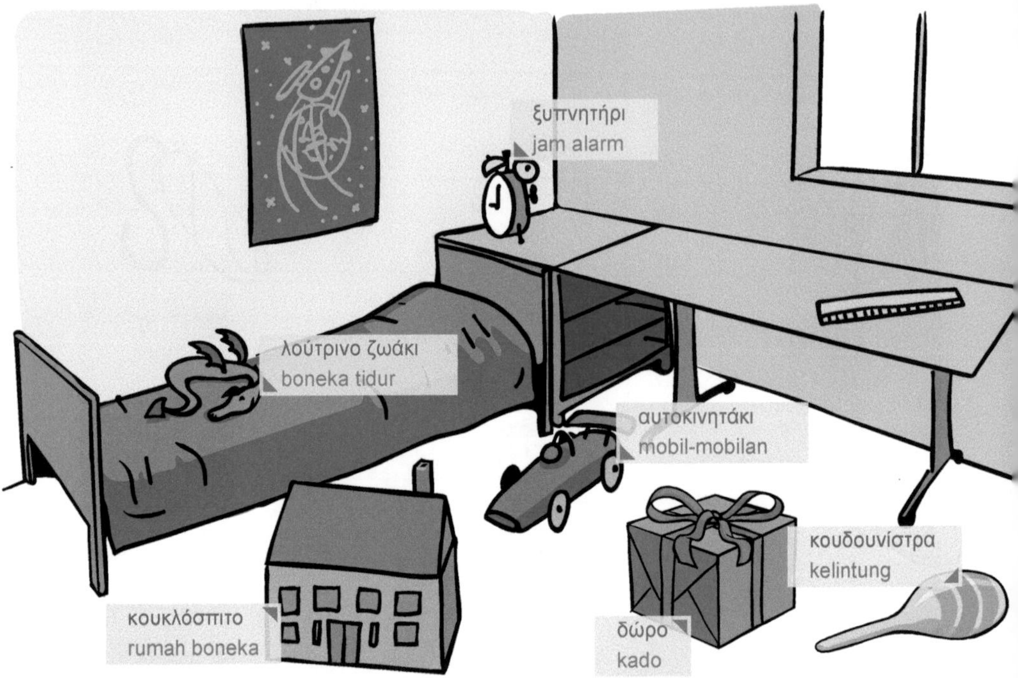
ξυπνητήρι
jam alarm
λούτρινο ζωάκι
boneka tidur
αυτοκινητάκι
mobil-mobilan
κουδουνίστρα
kelintung
κουκλόσπιτο
rumah boneka
δώρο
kado

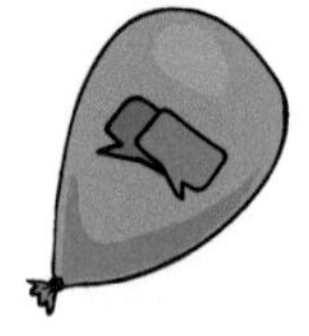

μπαλόνι

balon

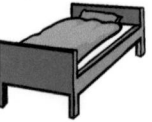

κρεβάτι

tempat tidur

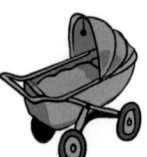

καροτσάκι

kereta bayi

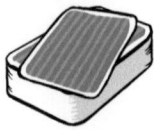

τράπουλα

mainan kartu

παζλ

teka-teki

SUPER
MEGA

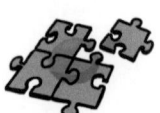

κόμικς

komik

τουβλάκια lego

mainan lego

τουβλάκια κατασκευών

blok mainan

φιγούρα δράσης

figur aksi

βρεφικό φορμάκι

baju monyet

φρίσμπι

frisbee

μόμπιλο

mobile

επιτραπέζιο παιχνίδι

permainan papan

ζάρια

dadu

σετ τρενάκι

set model kreta api

πιπίλα

dot

πάρτι

pesta

εικονογραφημένο βιβλίο

buku gambar

μπάλα

bola

κούκλα

boneka

παίζω

bermain

σκάμμα με άμμο

tempat main pasir

κούνια

ayunan

παιχνίδια

mainan

κονσόλα βιντεοπαιχνιδιών

video game konsol

τρίκυκλο

sepeda roda tiga

αρκουδάκι

teddy

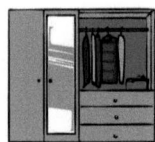

ντουλάπα

lemari pakaian

ρούχα
pakaian

κάλτσες

kaos kaki

καλτσοδέτες

kaos kaki

καλσόν

baju ketat

κασκόλ
syal

ομπρέλα
payung

μπλουζάκι
kaos

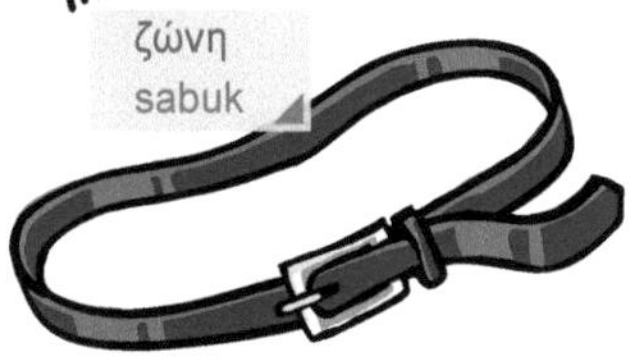

ζώνη
sabuk

μπότες
sepatu bot

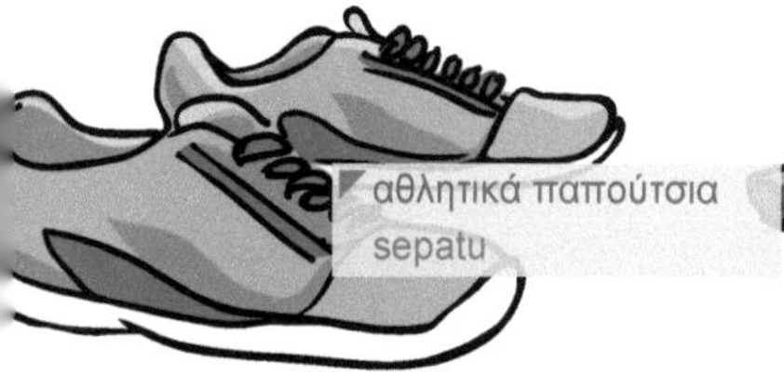

παντόφλες
sandal

αθλητικά παπούτσια
sepatu

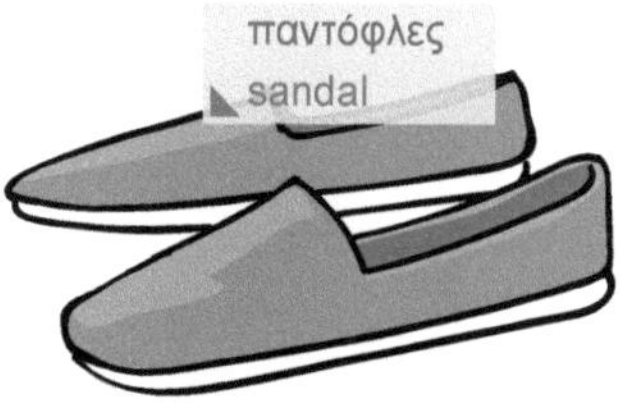

σανδάλια
sandal

παπούτσια
sepatu

γαλότσες
sepatu bot karet

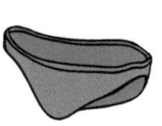

εσώρουχο
celana dalam

σουτιέν
BH

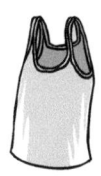

φανέλα
baju rompi

σώμα

body

παντελόνι

celana

τζιν παντελόνι

jeans

φούστα

rok

μπλούζα

blus

πουκάμισο

kemeja

πουλόβερ

aket berkerudung

πουλόβερ

sweater

σακάκι

jaket

μπουφάν

jaket

παλτό

mantel

αδιάβροχο πανωφόρι

jas hujan

κοστούμι

kostum

φόρεμα

gaun

νυφικό

gaun pengantin

κοστούμι

setelan resmi

νυχτικό

gaun tidur

πιτζάμες

piyama

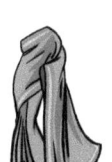

σάρι

sari

μαντήλι

jilbab

τουρμπάνι

turban

μπούρκα

burka

καφτάνι

kaftan

μουσουλμανικό ένδυμα

abaya

ολόσωμο μαγιό

pakaian renang

ανδρικό μαγιό

celana renang

σορτς

celana pendek

αθλητική φόρμα

olah raga

ποδιά

celemek

γάντια

sarung tangan

κουμπί

kancing

γυαλιά

kacamata

βραχιόλι

gelang

περιδέραιο

kalung

δαχτυλίδι

cincin

σκουλαρίκι

anting

καπέλο

topi

κρεμάστρα

gantungan mantel

καπέλο

topi

γραβάτα

dasi

φερμουάρ

ritsleting

κράνος

helm

τιράντες

tali selempang

μαθητική στολή

seragam sekolah

στολή

seragam

48

ρούχα - pakaian

σαλιάρα

oto

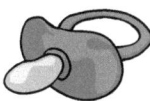

πιπίλα

dot

πάνα

popok

γραφείο
kantor

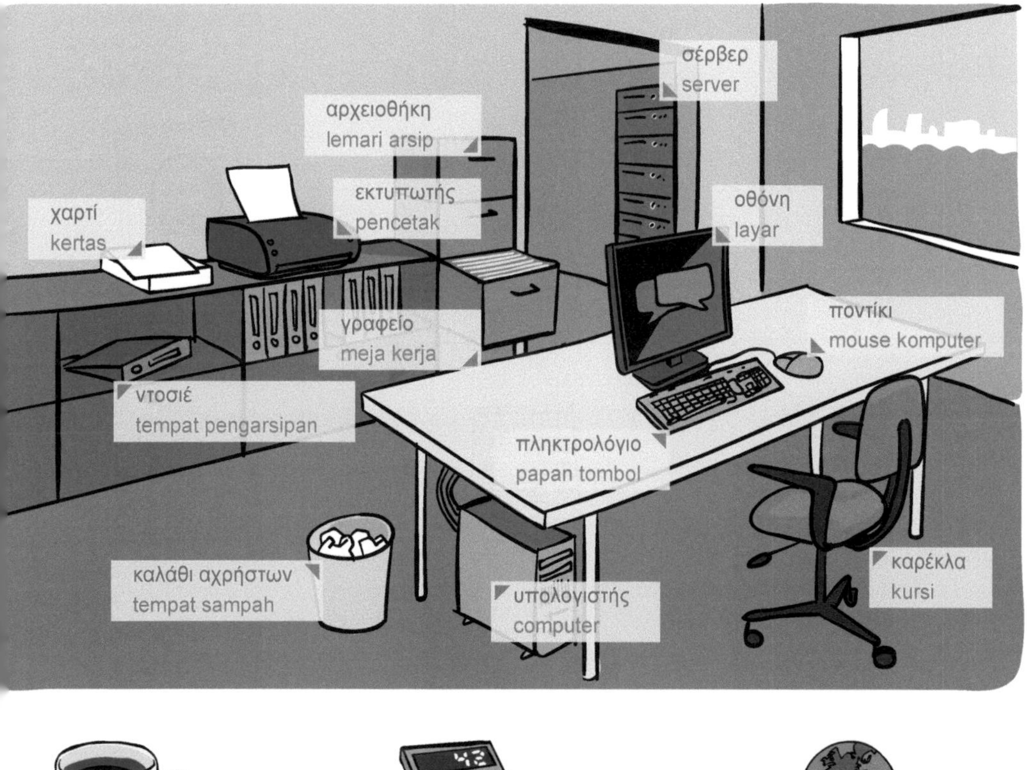

σέρβερ
server

αρχειοθήκη
lemari arsip

εκτυπωτής
pencetak

οθόνη
layar

χαρτί
kertas

γραφείο
meja kerja

ποντίκι
mouse komputer

ντοσιέ
tempat pengarsipan

πληκτρολόγιο
papan tombol

καλάθι αχρήστων
tempat sampah

υπολογιστής
computer

καρέκλα
kursi

κούπα του καφέ

cangkir kopi

κομπιουτεράκι

kalkulator

ίντερνετ

internet

λάπτοπ

laptop

γράμμα

surat

μήνυμα

pesan

κινητό

telepon seluler

δίκτυο

jaringan

φωτοτυπικό μηχάνημα

fotokopi

λογισμικό

software

τηλέφωνο

telepon

πρίζα

plug soket

συσκευή φαξ

mesin fax

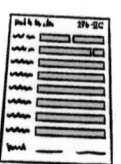

έντυπο

formulir

έγγραφο

dokumen

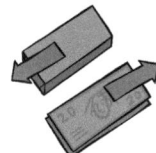

αγοράζω

membeli

πληρώνω

membayar

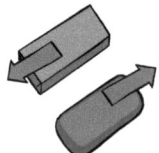

συναλλάσσομαι

berdagang

χρήματα

uang

δολάριο

Dollar

ευρώ

Euro

γιεν

Yen

ρούβλι

Rubel

ελβετικό φράγκο

Franc Swiss

ρενμίνμπι γιουάν

Renminbi Yuan

ρουπία

Rupiah

ATM (αυτόματη ταμειακή μηχανή)

ATM

ανταλλακτήρια
συναλλάγματος

kantor pertukaran mata
uang

χρυσός

emas

ασήμι

perak

πετρέλαιο

minyak

ενέργεια

energi

τιμή

harga

συμβόλαιο

kontrak

φόρος

pajak

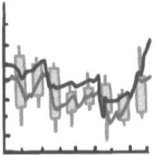

μετοχή

saham

δουλεύω

bekerja

υπάλληλος

karyawan

εργοδότης

majikan

εργοστάσιο

pabrik

κατάστημα

toko

επαγγέλματα
pekerjaan

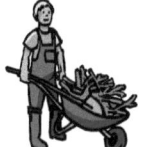

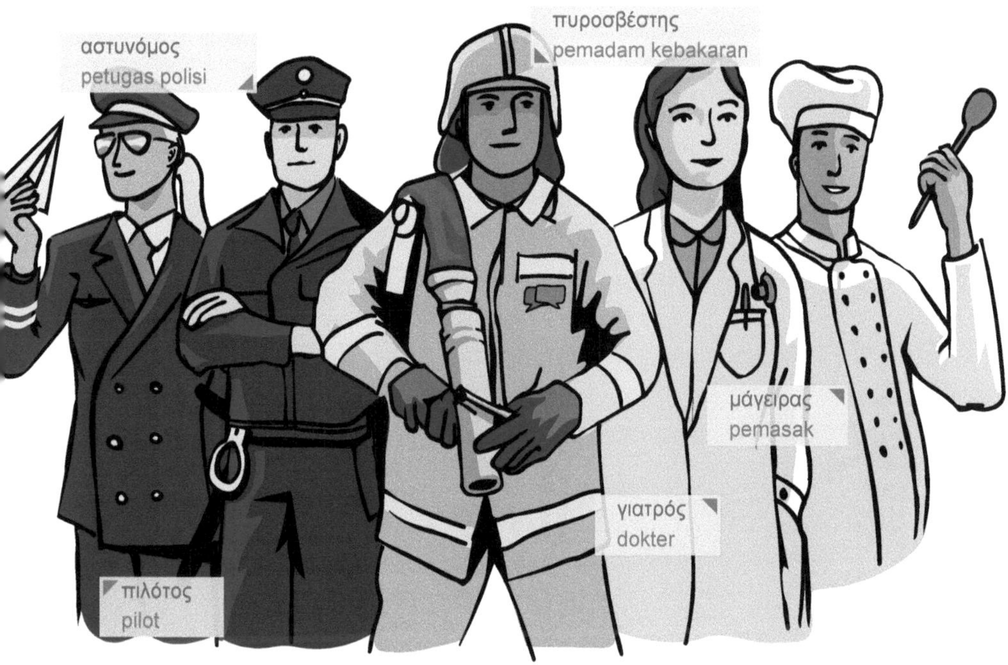
αστυνόμος
petugas polisi
πυροσβέστης
pemadam kebakaran
μάγειρας
pemasak
γιατρός
dokter
πιλότος
pilot

κηπουρός

tukan kebun

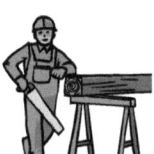

ξυλουργός

tukang kayu

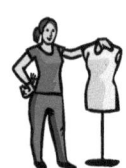

μοδίστρα

penjahit wanita

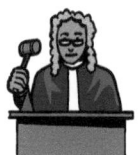

δικαστής

hakim

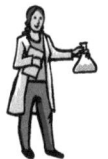

χημικός

ahli kimia

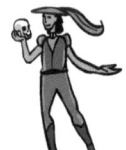

ηθοποιός

aktor

οδηγός λεωφορείου

sopir bis

ταξιτζής

sopir taksi

ψαράς

nelayan

καθαρίστρια

pembantu

τεχνίτης στεγών

tukang atap

σερβιτόρος

pelayan

κυνηγός

pemburu

ζωγράφος

pelukis

αρτοποιός

tukang roti

ηλεκτρολόγος

tukang listrik

οικοδόμος

pembangun

μηχανολόγος

insinyur

κρεοπώλης

tukang daging

υδραυλικός

tukang ledeng

ταχυδρόμος

tukang pos

στρατιώτης

tentara

αρχιτέκτονας

arsitek

ταμίας

kasir

ανθοπώλης

penjual bunga

κομμωτής

penata rambut

ελεγκτής εισιτηρίων

konduktor

μηχανικός

montir

καπετάνιος

kapten

οδοντίατρος

dokter gigi

επιστήμονας

ilmuwan

ραβίνος

rabbi

ιμάμης

imam

μοναχός

biarawan

ιερέας

pendeta

εργαλεία

alat

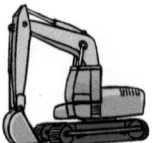

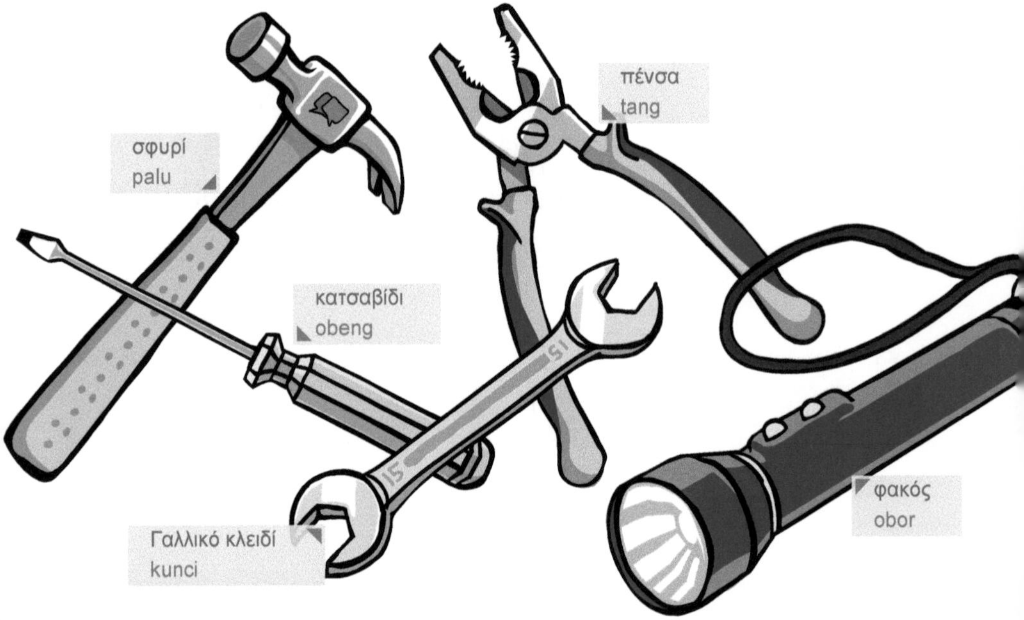

σφυρί
palu
πένσα
tang
κατσαβίδι
obeng
Γαλλικό κλειδί
kunci
φακός
obor

εκσκαφέας

penggali

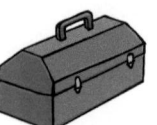

εργαλειοθήκη

tas perkakas

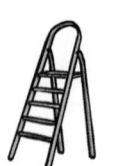

σκάλα

tangga

πριόνι

gergaji

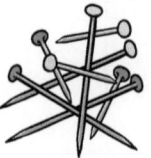

καρφιά

paku

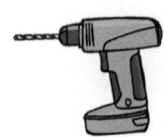

τρυπάνι

bor

επισκευάζω
perbaikan

φτυάρι
sekop

Να πάρει!
Sialan!

φαράσι
cikrak

δοχείο χρωμάτων
pot cat

βίδες
sekrup

μουσικά όργανα
alat musik

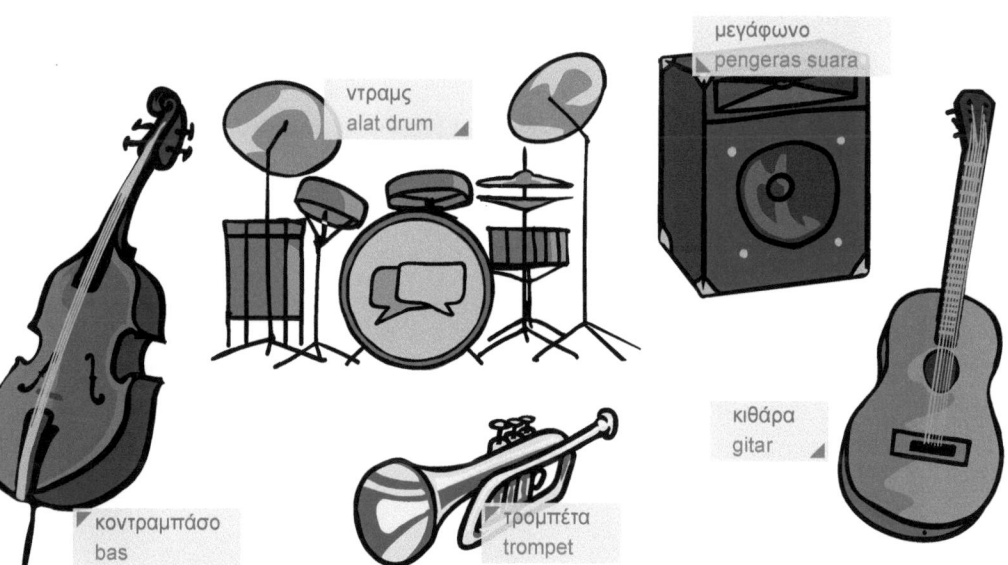

μεγάφωνο
pengeras suara

ντραμς
alat drum

κιθάρα
gitar

κοντραμπάσο
bas

τρομπέτα
trompet

πιάνο
piano

βιολί
violin

μπάσο
bass

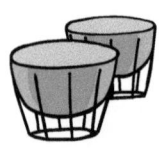

τύμπανα
tambur

τύμπανο
drum

πλήκτρα
keyboard

σαξόφωνο
saksofon

φλάουτο
suling

μικρόφωνο
mikrofon

ζωολογικός κήπος
kebun binatang

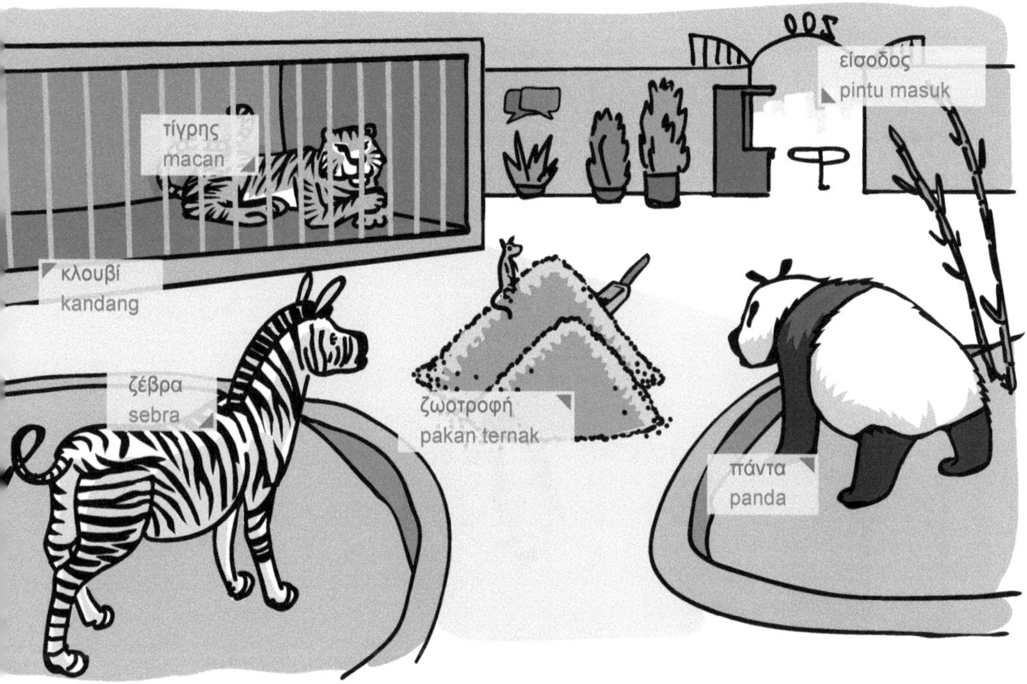

τίγρης
macan
εἴσοδος
pintu masuk
κλουβί
kandang
ζέβρα
sebra
ζωοτροφή
pakan ternak
πάντα
panda

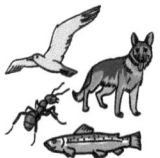

ζώα

hewan

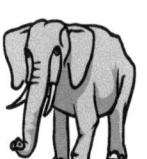

ελέφαντας

gajah

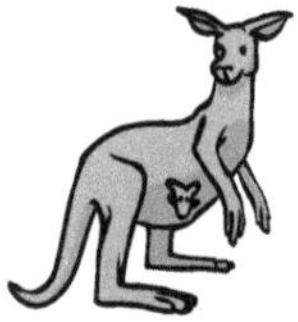

καγκουρό

kanguru

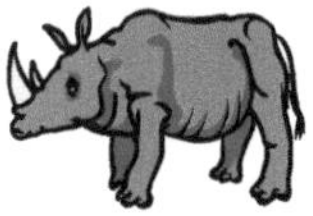

ρινόκερος

badak

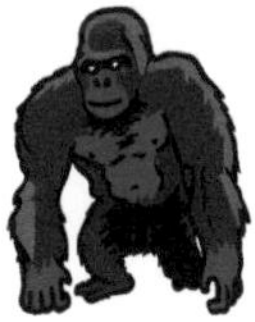

γορίλας

gorila

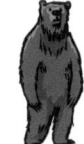

αρκούδα

beruang

καμήλα
unta

στρουθοκάμηλος
burung unta

λιοντάρι
singa

πίθηκος
monyet

φλαμίνγκο
flamingo

παπαγάλος
burung beo

πολική αρκούδα
beruang polar

πιγκουίνος
penguin

καρχαρίας
hiu

παγώνι
merak

φίδι
ular

κροκόδειλος
buaya

φύλακας ζωολογικού κήπου
penjaga kebun binatang

φώκια
segel

τζάγκουαρ
jaguar

πόνυ
kuda poni

λεοπάρδαλη
macan tutul

ιπποπόταμος
kuda nil

καμηλοπάρδαλη
jerapah

αετός
burung elang

αγριογούρουνο
babi jantan

ψάρι
ikan

χελώνα
kura-kura

θαλάσσιος ίππος
anjing laut

αλεπού
rubah

γαζέλα
kijang

Αμερικάνικο ποδόσφαιρο
american football

ποδηλασία
naik sepeda

αντισφαίριση
tennis

μπάσκετ
basketbal

κολύμβηση
bernang

πυγχαμία
tinju

χόκεϋ επί πάγου
hoki es

ποδόσφαιρο
sepak bola

μπάντμιντον
badminton

στίβος
atletik

χάντμπολ
bola tangan

σκι
main ski

πόλο
polo

δραστηριότητες
aktivitas

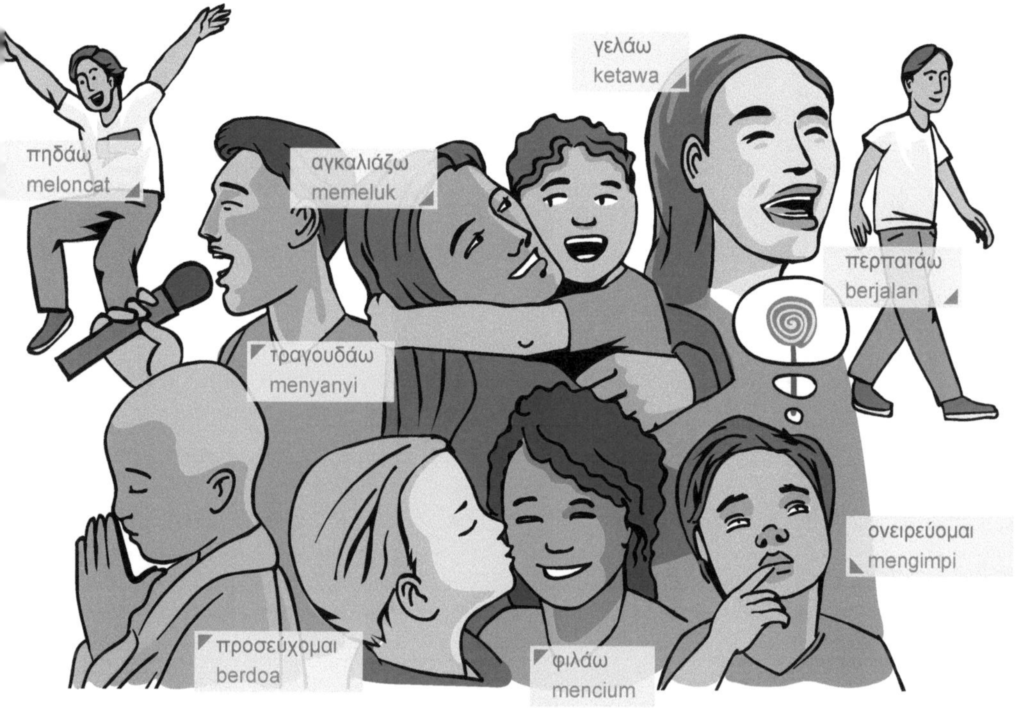
γελάω
ketawa
πηδάω
meloncat
αγκαλιάζω
memeluk
περπατάω
berjalan
τραγουδάω
menyanyi
ονειρεύομαι
mengimpi
προσεύχομαι
berdoa
φιλάω
mencium

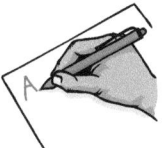

γράφω

menulis

σχεδιάζω

melukis

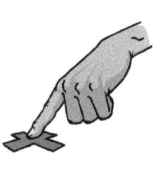

δείχνω

menunjuk

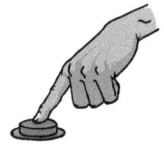

πιέζω

mendorong

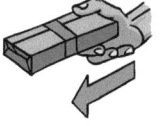

δίνω

memberikan

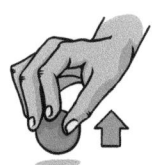

παίρνω

mengambil

έχω

mempunyai

κάνω

melakukan

είμαι

adalah

στέκομαι

berdiri

τρέχω

berlari

τραβάω

menarik

ρίχνω

melempar

πέφτω

jatuh

ξαπλώνω

tidur

περιμένω

menunggu

κουβαλώ

membawa

κάθομαι

duduk

φοράω

berpakaian

κοιμάμαι

tidur

ξυπνάω

bangun

κοιτάω
melihat

κλαίω
menangis

χαϊδεύω
mengelus

χτενίζω
menyisir

μιλάω
berbicara

καταλαβαίνω
mengerti

ρωτάω
menanyak

ακούω
mendengar

πίνω
minum

τρώω
makan

συγυρίζω
merapikan

αγαπάω
cinta

μαγειρεύω
memasak

οδηγώ
menyetir

πετάω
terbang

κάνω ιστιοπλοΐα

berlayar

υπολογίζω

menghitung

διαβάζω

membaca

μαθαίνω

belajar

δουλεύω

bekerja

παντρεύομαι

menikah

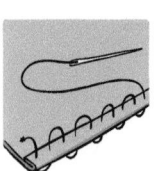

ράβω

menjahit

βουρτσίζω τα δόντια

sikat gigi

σκοτώνω

membunuh

καπνίζω

merokok

στέλνω

kirim

οικογένεια
keluarga

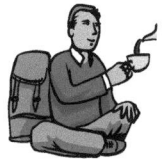

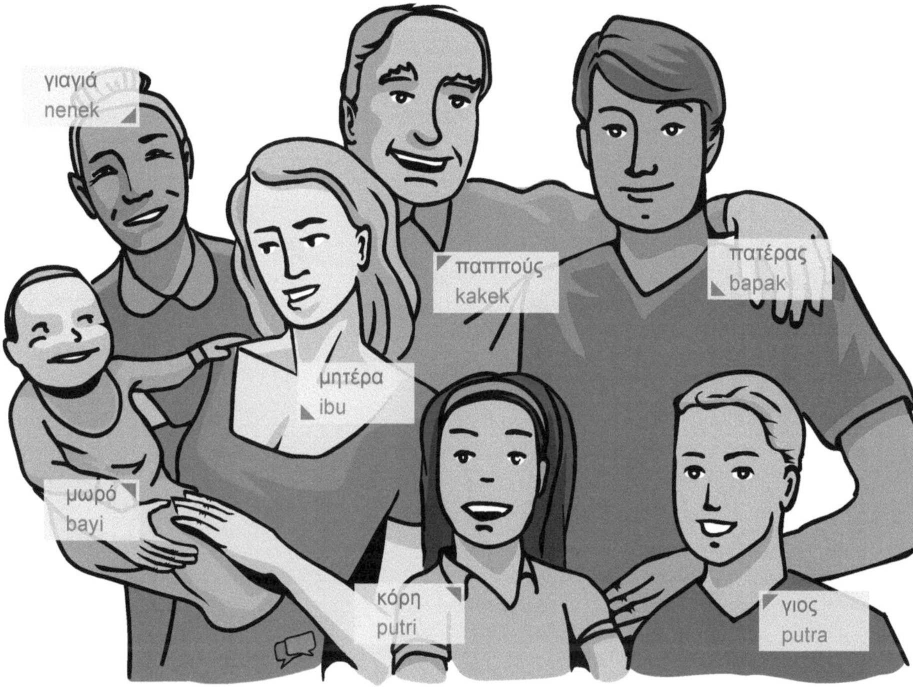
γιαγιά
nenek
παππούς
kakek
πατέρας
bapak
μητέρα
ibu
μωρό
bayi
κόρη
putri
γιος
putra

καλεσμένος

tamu

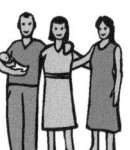

θεία

bibi

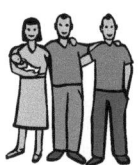

θείος

paman

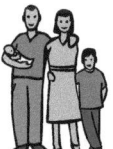

αδελφός

kakak laki

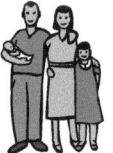

αδελφή

kakak perempuan

σώμα

badan

μέτωπο
dahi
μάτι
mata
ώμος
bahu
δάχτυλο
jari
πρόσωπο
muka
πιγούνι
dagu
χέρι
tangan
πόδι
kaki
στήθος
payudara
βραχίονας
lengan

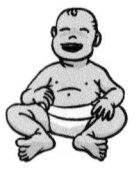

μωρό

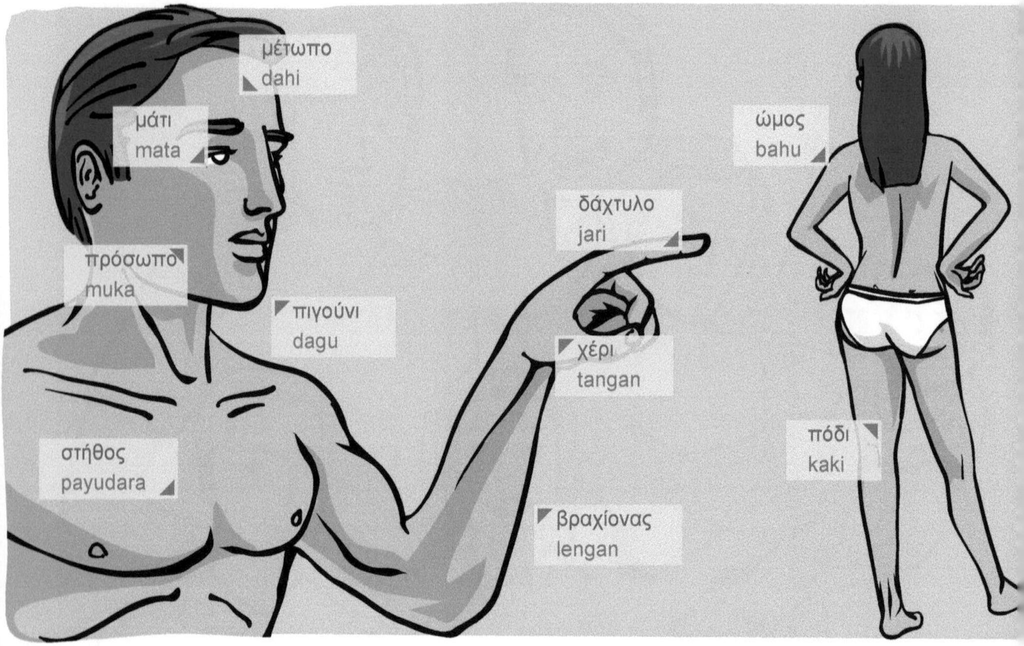

bayi

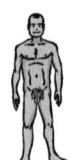

άνδρας

pria

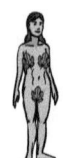

γυναίκα

wanita

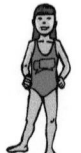

κορίτσι

perempuan

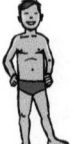

αγόρι

laki

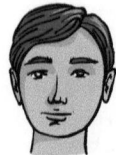

κεφάλι

kepala

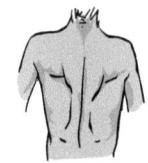

πλάτη

punggung

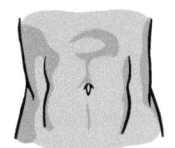

κοιλιά

perut

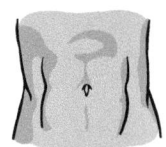

αφαλός

pusar

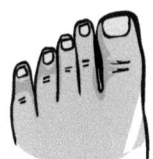

δάχτυλο ποδιού

toe

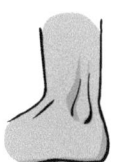

φτέρνα

tumit

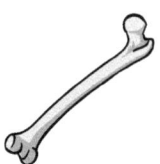

κόκκαλο

tulang

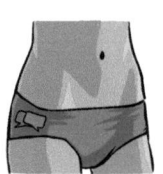

γοφός

pinggang

γόνατο

lutut

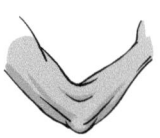

αγκώνας

siku

μύτη

hidung

γλουτός

pantat

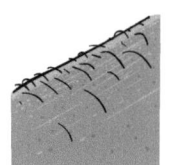

δέρμα

kulit

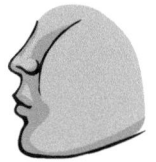

μάγουλο

pipi

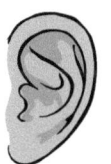

αυτί

telinga

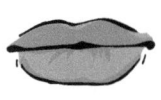

χείλος

bibir

σώμα - badan

στόμα

mulut

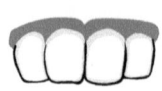

δόντι

gigi

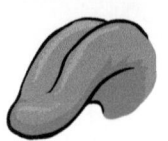

γλώσσα

lidah

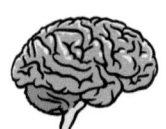

εγκέφαλος

otak

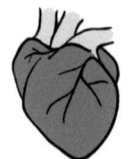

καρδιά

jantung

μυς

otot

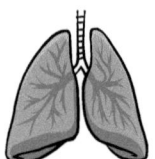

πνεύμονας

paru-paru

συκώτι

hati

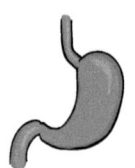

στομάχι

stomach

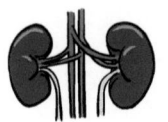

νεφρά

ginjal

σεξουαλική επαφή

hubungan seks

προφυλακτικό

kondom

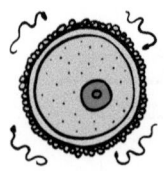

ωάριο

sel telur

σπέρμα

sperma

εγκυμοσύνη

kehamilan

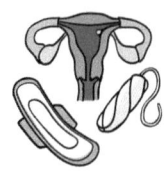

περίοδος

menstruasi

γυναικείος κόλπος

vagina

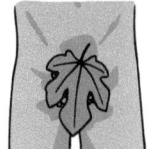

πέος

penis

φρύδι

alis

μαλλιά

rambut

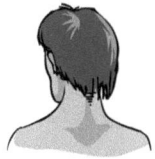

λαιμός

leher

νοσοκομείο
rumah sakit

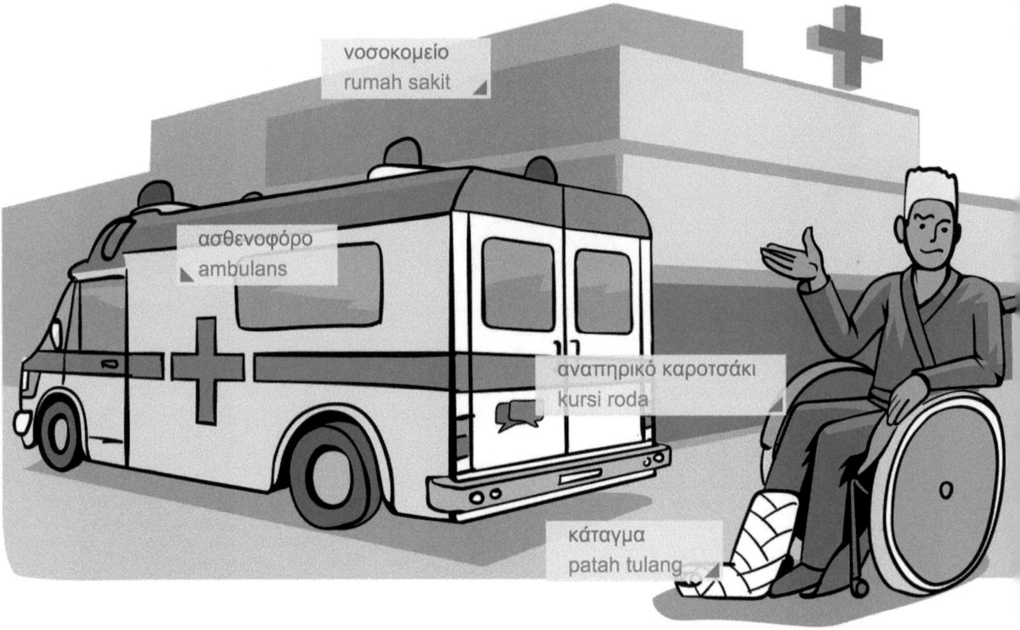

νοσοκομείο
rumah sakit
ασθενοφόρο
ambulans
αναπηρικό καροτσάκι
kursi roda
κάταγμα
patah tulang

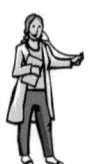

γιατρός

dokter

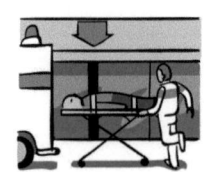

μονάδα εντατικής θεραπείας

ruang darurat

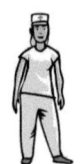

νοσοκόμα

perawat

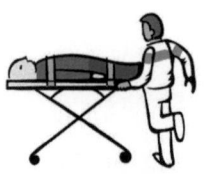

έκτακτη ανάγκη

darurat

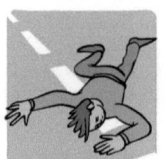

λιπόθυμος

semaput

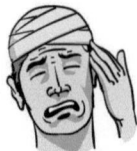

πόνος

sakit

τραύμα
cedera

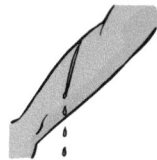

αιμορραγία
perdarahan

έμφραγμα
serangan jantung

εγκεφαλικό
stroke

αλλεργία
alergi

βήχας
batuk

πυρετός
demam

γρίπη
flu

διάρροια
diare

πονοκέφαλος
sakit kepala

καρκίνος
kanker

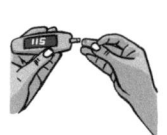

διαβήτης
diabetes

χειρουργός
ahli bedah

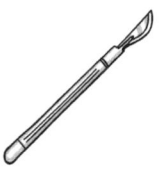

νυστέρι
pisau bedah

εγχείρηση
operasi

αξονική τομογραφία

CT

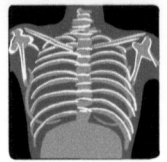

ακτινογραφία

sinar x

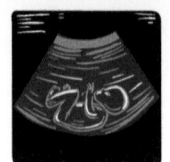

υπέρηχος

usg

μάσκα

topeng

ασθένεια

penyakit

αίθουσα αναμονής

ruang tunggu

πατερίτσα

penyokong

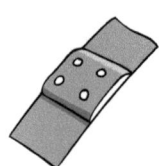

χάνσαπλαστ

plester

επίδεσμος

perban

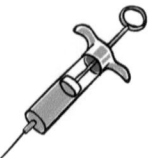

ένεση

injeksi

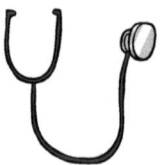

στηθοσκόπιο

stetoskop

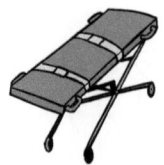

φορείο

usungan

θερμόμετρο

termometer klinis

γέννηση

kelahiran

υπέρβαρο

kelebihan berat badan

ακουστικό βαρηκοΐας

alat pendengar

αντισηπτικό

desinfektan

λοίμωξη

infeksi

ιός

virus

HIV/AIDS

HIV / AIDS

φάρμακο

obat

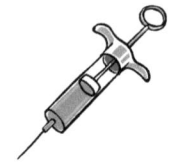

εμβολιασμός

vaksinasi

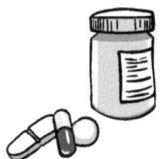

δισκία

tablet

χάπι

pil

κλήση έκτακτης ανάγκης

panggilan darurat

πιεσόμετρο αίματος

ukur tekanan darah

άρρωστος / υγιής

sakit / sehat

Βοήθεια!

Tolong!

συναγερμός

alarm

βιαιοπραγία

penyerbuan

επίθεση

serangan

κίνδυνος

bahaya

έξοδος κινδύνου

pintu darurat

Φωτιά!

Api!

πυροσβεστήρας

alat pemadam kebakaran

ατύχημα

kecelakaan

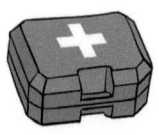

κουτί πρώτων βοηθειών

kit pertolongan pertama

SOS

SOS

αστυνομία

polisi

Ευρώπη

Eropa

Βόρεια Αμερική

Amerika Utara

Νότια Αμερική

Amerika Selatan

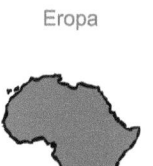

Αφρική

Afrika

Ασία

Asia

Αυστραλία

Australi

Ατλαντικός Ωκεανός

Atlantik

Ειρηνικός Ωκεανός

Pasifik

Ινδικός Ωκεανός

Samudra India

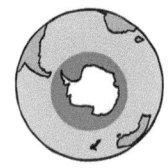

Ανταρκτικός Ωκεανός

Samudra Antartika

Αρκτικός Ωκεανός

Samudra Arktik

Βόρειος Πόλος

kutub utara

Νότιος Πόλος

kutub selatan

Ανταρκτική

Antarktika

Γη

bumi

γη

tanah

θάλασσα

laut

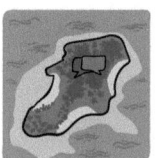

νησί

pulau

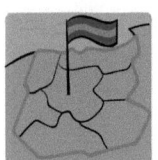

έθνος

bangsa

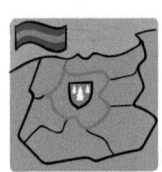

πολιτεία

negara

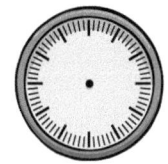

καντράν ρολογιού

jam wajah

ωροδείκτης

jarum pendek

λεπτοδείκτης

jarum menit

δείκτης δευτερολέπτων

jarum detik

Τι ώρα είναι;

Jam berapa?

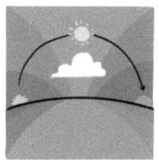

ημέρα

hari

χρόνος

waktu

τώρα

sekarang

ψηφιακό ρολόι

jam digital

λεπτό

menit

ώρα

jam

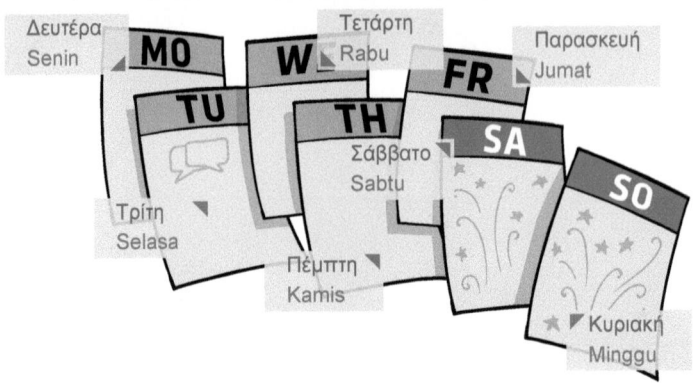

Δευτέρα
Senin

Τετάρτη
Rabu

Παρασκευή
Jumat

Τρίτη
Selasa

Σάββατο
Sabtu

Πέμπτη
Kamis

Κυριακή
Minggu

χθες

kemaren

σήμερα

hari ini

αύριο

besok

πρωί

pagi

μεσημέρι

siang

βράδυ

malam

MO	TU	WE	TH	FR	SA	SU
1	2	3	4	5	6	7
8	9	10	11	12	13	14
15	16	17	18	19	20	21
22	23	24	25	26	27	28
29	30	31	1	2	3	4

εργάσιμες ημέρες

hari kerja

MO	TU	WE	TH	FR	SA	SU
1	2	3	4	5	6	7
8	9	10	11	12	13	14
15	16	17	18	19	20	21
22	23	24	25	26	27	28
29	30	31	1	2	3	4

Σαββατοκύριακο

akhir minggu

έτος
tahun

βροχή
hujan
ουράνιο τόξο
pelangi
χιόνι
salju
άνεμος
angin
άνοιξη
musim semi
φθινόπωρο
musim gugur
καλοκαίρι
musim panas
χειμώνας
musim dingin

4.APRIL 11°
5.APRIL 4°
6.APRIL 13°
7.APRIL 8°
8.APRIL 10°

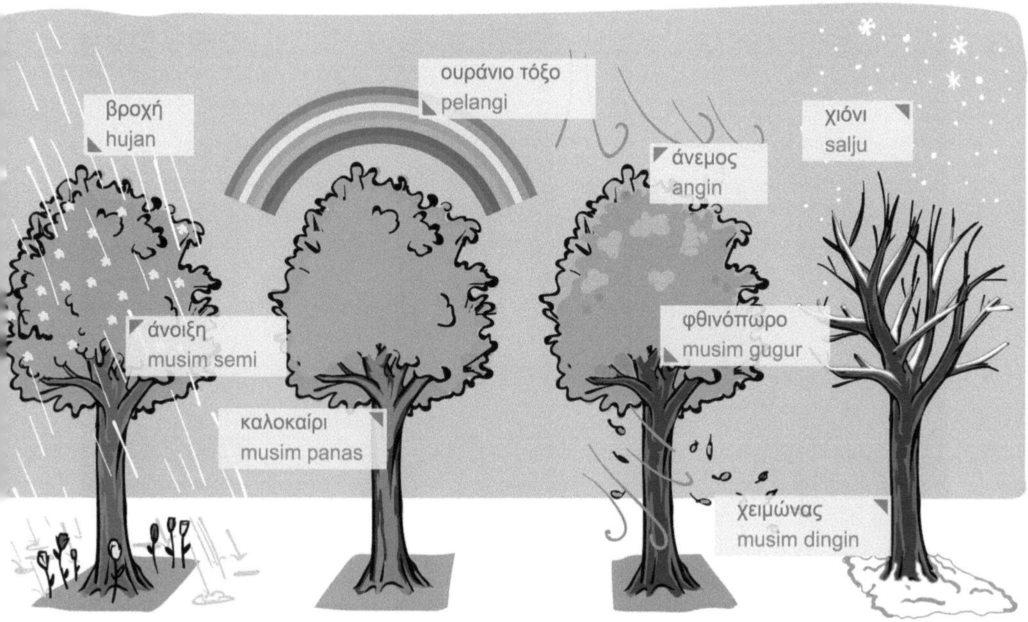

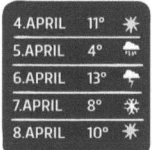

πρόγνωση καιρού

ramalan cuaca

F C
120 40
90 30
60 20
30 10
0 0
-30 -10
-20

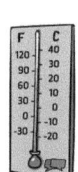

θερμόμετρο

termometer

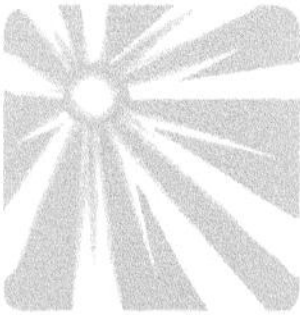

λιακάδα

matahari

σύννεφο

awan

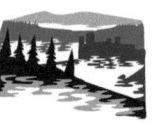

ομίχλη

kabut

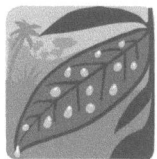

υγρασία

kelembahan

αστραπή
kilat

κεραυνός
guntur

καταιγίδα
badai

χαλάζι
hujan es

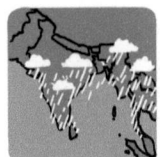

μουσώνας
monsun

πλημμύρα
banjir

πάγος
es

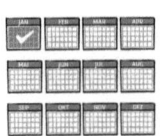

Ιανουάριος
Januari

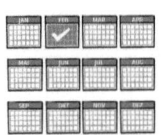

Φεβρουάριος
Februari

Μάρτιος
Maret

Απρίλιος
April

Μάιος
Mei

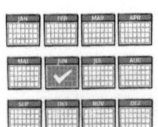

Ιούνιος
Juni

Ιούλιος
Juli

Αύγουστος
Agustus

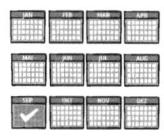

Σεπτέμβριος
....
September

Οκτώβριος
....
Oktober

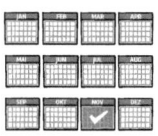

Νοέμβριος
....
November

Δεκέμβριος
....
Desember

σχήματα
bentuk

κύκλος
....
lingkaran

τετράγωνο
....
persegi

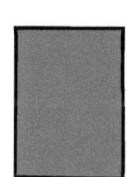

ορθογώνιο
παραλληλόγραμμο
persegi panjang

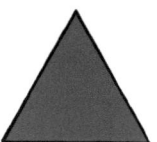

τρίγωνο
....
segi tiga

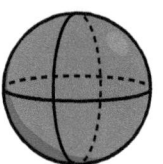

σφαίρα
....
bola

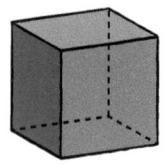

κύβος
....
kubus

χρώματα
warna-warna

άσπρο

putih

κίτρινο

kuning

πορτοκαλί

oranye

ροζ

pink

κόκκινο

merah

μωβ

ungu

μπλε

biru

πράσινο

hijau

καφέ

coklat

γκρι

abu-abu

μαύρο

hitam

πολύ / λίγο

banyak / sedikit

θυμωμένος / ήρεμος

marah / tenang

όμορφος / άσχημος

cantik / jelek

αρχή / τέλος

mulaih / selesai

μεγάλος / μικρός

besar / kecil

φωτεινός / σκοτεινός

terang / gelap

αδελφός / αδελφή

saudara laki-laki / saudara perempuan

καθαρός / λερωμένος

bersih / kotor

πλήρης / ατελής

lengkap / tidak lengkap

ημέρα / νύχτα

hari / malam

νεκρός / ζωντανός

mati / hidup

φαρδύς / στενός

luas / sempit

βρώσιμος / μη βρώσιμος

dapat dimakan / tidak dapat dimakan

κακός / ευγενικός

jahat / baik

ενθουσιασμένος / βαριεστημένος

bersemangat / bosan

παχύς / λεπτός

gemuk / kurus

πρώτος / τελευταίος

pertama / terakhir

φίλος / εχθρός

teman / musuh

γεμάτος / άδειος

penuh / kosong

σκληρός / μαλακός

keras / lembut

βαρύς / ελαφρύς

berat / enteng

πείνα / δίψα

lapar / haus

άρρωστος / υγιής

sakit / sehat

παράνομος / νόμιμος

ilegal / legal

έξυπνος / χαζός

cerdas / bodoh

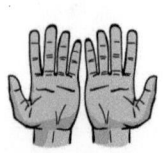

αριστερός / δεξιός

kiri / kanan

κοντινός / μακρινός

dekat / jauh

καινούριος /
μεταχειρισμένος

baru / bekas

τίποτα / κάτι

tidak ada apapun / sesuatu

γέρος | νέος

tua / muda

αναμμένος / σβηστός

nyala / mati

ανοιχτός / κλειστός

buka / tutup

χαμηλόφωνος /
μεγαλόφωνος
tenang / keras

πλούσιος / φτωχός

kaya / miskin

σωστός / λανθασμένος

benar / salah

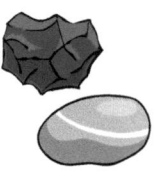

τραχύς / λείος

kasar / halus

λυπημένος / χαρούμενος

sedih / gembira

κοντός / μακρύς

pendek / panjang

αργός / γρήγορος

pelan-pelan / cepat

υγρός / στεγνός

basah / kering

ζεστός / δροσερός

hangat / sejuk

πόλεμος / ειρήνη

perang / damai

0	**1**	**2**
μηδέν	ένα	δύο
nol	satu	dua

3	**4**	**5**
τρία	τέσσερα	πέντε
tiga	empat	lima

6	**7**	**8**
έξι	εφτά	οκτώ
enam	tujuh	delapan

9	**10**	**11**
εννιά	δέκα	έντεκα
sembilan	sepuluh	sebelas

12

δώδεκα

duabelas

13

δεκατρία

tigabelas

14

δεκατέσσερα

empatbelas

15

δεκαπέντε

limabelas

16

δεκαέξι

enambelas

17

δεκαεφτά

tujuhbelas

18

δεκαοκτώ

delapanbelas

19

δεκαεννέα

sembilanbelas

20

είκοσι

duapuluh

100

εκατό

seratus

1.000

χίλια

seribu

1.000.000

εκατομμύριο

juta

Αγγλικά

Inggris

Αμερικάνικα Αγγλικά

bahasa Inggris Amerika

Μανδαρίνικα Κινέζικα

bahasa Cina Mandarin

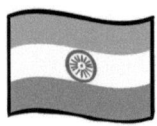

Χίντι

bahasa Hindi

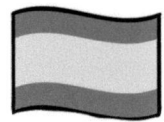

Ισπανικά

bahasa Spanyol

Γαλλικά

bahasa Perancis

Αραβικά

bahasa Arab

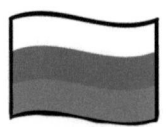

Ρώσικα

bahasa Rusia

Πορτογαλικά

bahasa Portugis

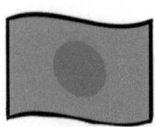

Μπενγκάλι

bahasa Bengal

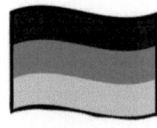

Γερμανικά

bahasa Jerman

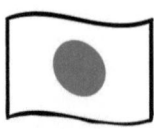

Ιαπωνικά

bahasa Jepang

εγώ

saya

εσύ

kamu

αυτός / αυτή / αυτό

dia

εμείς

kita

εσείς

kalian

αυτοί / αυτές / αυτά

mereka

ποιος / ποια / ποιο;

siapa?

τι;

apa?

πώς;

begaimana?

πού;

dimana?

πότε;

kapan?

όνομα

nama

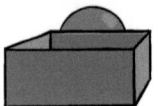

πίσω

dibelakang

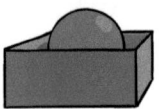

μέσα

di

μπροστά

didepan

πάνω από

diatas

πάνω

diatas

κάτω

dibawah

δίπλα

sebelah

ανάμεσα

di antara

μέρος

tempat